attribué au M.⟨is⟩ de Gallifet

SOUVENIRS DE VOYAGES.

SOUVENIRS

DE

VOYAGES

PRUSSE ET BELGIQUE 1848. — CÉVENNES ET AUVERGNE.

Par l'Auteur de L'ANCIENNE PROVENCE, et de divers SOUVENIRS DE VOYAGES.

PARIS.

IMPRIMERIE ÉD. PROUX ET Ce, RUE NEUVE-DES-BONS-ENFANTS, 3,

ET RUE DU VINGT-QUATRE FÉVRIER, 18.

1849

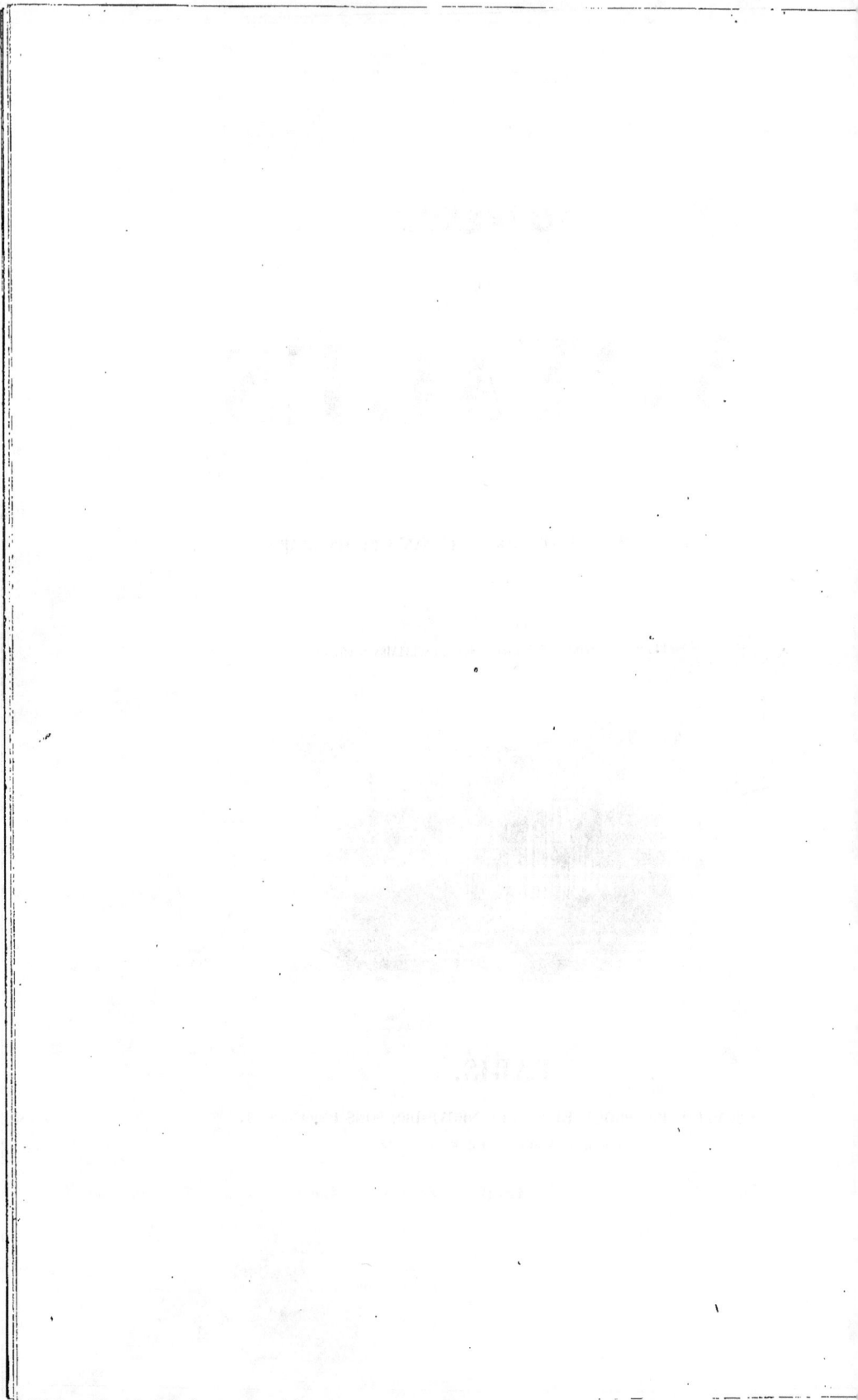

SOUVENIRS

DE VOYAGES.

PRUSSE ET BELGIQUE.

LETTRE PREMIÈRE.

Dans une précédente narration, je vous ai fait parcourir rapidement les bords du Rhin jusqu'à Cologne. Je débutais alors dans mes publications épistolaires ; j'étais timide ! et vous m'avez repro-ché trop de concision dans mes récits, trop de hâte dans ma manière de dire aux autres ce que j'avais cependant scrupuleusement admiré pour mon propre compte.

Peut-être trouverez-vous que je me suis montré

trop docile à vos leçons, et vous reprocherez-vous,
à votre tour, de m'avoir entraîné dans un excès
contraire !

N'importe! daignez me permettre de poursuivre
cette promenade, et de renouveler les jouissances
que j'ai éprouvées, en parcourant — pour vous les
raconter ensuite — des sites moins grandioses,
moins primitifs, mais auxquels les arts et les progrès de la civilisation ont prêté bien du charme
sous un autre rapport.

Ce que l'on voit pour le redire ensuite, fixe
mieux l'attention ; l'étude des souvenirs offre plus
d'intérêt; on se complaît même dans sa fatigue, en
sachant que la personne qui en est le principal objet vous en tiendra compte dans son affection, et si
l'on éprouve des déceptions — qui ne sauraient
manquer à un touriste — on s'en console et l'on
évite d'en parler.

C'est la seule réticence que je tolère dans la
communauté de pensées qui s'est établie entre
nous !

Je voudrais, en revanche, me pénétrer de votre
esprit si juste, si clairvoyant, pouvoir m'inspirer
aux reflets de vos sensations aussi motivées qu'elles sont bien rendues!

Il est des mérites qu'il faut admirer sans jamais
y prétendre. Tel est le sort qui m'est réservé près
de vous, et je trouve ma part encore digne d'envie.

Ainsi que je vous l'ai dit précédemment, le cours
du Rhin jusqu'à Mayence est encaissé et offre peu
de charmes. Il n'est vraiment admirable que de
Bingen jusqu'à Coblentz, et ensuite de Rémagen à
la sortie des Sept-Montagnes.

De Bonn à son embouchure il redevient encaissé, et sa navigation est des plus monotones.

Un réseau de chemins de fer récemment établis
vient dispenser les voyageurs de cette ennuyeuse
corvée. Bonn se rallie à Cologne et aux deux directions conduisant l'une en Belgique et en France,
l'autre à Dusseldorf, à Berlin et à Vienne.

Je blâme seulement l'éloignement de ces embar-
cadères, situés loin du port, et chacun à une extrémité opposée de la ville de Cologne, tandis que le
troisième doit nécessairement se trouver à Deutz
puisqu'il parcourt l'autre rive du fleuve.

Le gouvernement prussien aurait dû, comme à
Mons et à Lille, donner passage au travers des fortifications, et réunir les deux routes de la rive
gauche dans un même embarcadère, au centre de
Cologne et à proximité des bateaux à vapeur. Ce

progrès ne saurait manquer d'avoir lieu. On devient difficile à force de confortable, et comme ces chemins appartiennent à l'État, le gouvernement trouvera son intérêt à satisfaire à quelques exigences.

Ce sera, d'ailleurs, le moyen de mettre un terme aux prétentions des cochers, qui, devenant indispensables à cause de la distance à parcourir, trouvent toujours à interpréter leur tarif au détriment des étrangers.

Un autre grief, beaucoup plus grave, est relatif à la manière dont les douaniers prussiens s'acquittent des fonctions qui leur sont confiées : nulle part je n'en ai rencontré d'aussi grossiers ni de plus stupides ; ils sont parvenus à perfectionner ce genre déjà si fécond !

Dans un pays dont les étrangers sont la principale ressource, il serait de bon goût et d'un intérêt bien entendu, de ne pas les repousser aux frontières par des procédés que rien ne saurait excuser.

On pourrait être douanier sans cesser d'être convenable ! Pourquoi se trouve-t-il de si rares exceptions ?

Puisque je suis en train d'évaporer ma bile, je dirai que le bon Dieu devait être bien en colère quand il a permis la Tour de Babel, et les hommes bien absurdes quand ils ont inventé la différence des monnaies. Cette complication de langues et d'argent sont des obstacles sans cesse renaissants en voyage.

Vous voyez bien qu'il me faut terminer ici ma lettre, car je me surprends presque à blasphémer, bien que ce soit en forme de plaisanterie, et sans pouvoir encourir le blâme du fameux « *Dieu a eu tort*, » auquel le retentissement de la chaire, la profession et la puissance de la parole du révérend père Lacordaire donnaient une bien autre portée ! N'importe, je ne saurais continuer sans avoir à redouter votre disgrâce, malheur bien plus grand que ceux qui viennent d'être signalés.

LETTRE II.

J'attribue l'augmentation du prix dans les divers hôtels à la rareté des voyageurs qui les fréquentent cette année, et l'oubli des prévenances anciennement si remarquables de la part des aubergistes et de leurs sommeliers, à l'influence de nos derniers évènements ! Je comprends qu'ils ne soient pas de nature à provoquer la sympathie, et ces gens-là ne sont pas obligés de distinguer les émeutiers de leurs victimes !

La qualité de Français, jadis si favorable en pays étranger, finira par être un sujet de répulsion.

Ah ! ma belle patrie, qu'êtes-vous devenue, et à quelles déceptions n'êtes-vous pas encore réservée si le bon sens ne vient en aide aux funestes tendances que l'on cherche à y exploiter !

Enfin, quoi qu'il en soit, cédons aux circonstances qu'il ne nous appartient pas de maîtriser, et cherchons quelques distractions à ce douloureux chapitre en poursuivant notre voyage.

Ce sera donc en chemin de fer que nous parviendrons à Dusseldorf, jadis forteresse importante réduite par nos armes à l'état de jolie ville, et chef-lieu de ce grand-duché de Berg, dont un héros aventureux a long-temps porté le titre avant que de plus hautes destinées soient devenues le prélude et la cause de sa chute d'abord, et de son cruel supplice ensuite.

On s'accoutume à être roi, malgré que ce soit devenu la plus précaire des positions, et même, quand on est parvenu au trône par les circonstances les plus inespérées, on croit avoir dégénéré en

se retrouvant encore dans une situation bien plus
brillante que celle à laquelle on eût osé prétendre.
— Telle a été l'histoire de Murat.

La ville neuve de Dusseldorf est vers le Rhin et
bien bâtie. Au centre du marché se voit la statue
équestre de l'électeur Jean-Guillaume, son fondateur ; dans la cathédrale se trouve son tombeau ; là
aussi se trouve celui de Jacqueline de Bade, cruel-
lement punie pour avoir été injustement soupçon-
née. L'église des Jésuites y est, comme partout,
plus somptueuse que de bon goût. Les disciples de
Loyola, si puissants à cette époque, ne pouvaient
pas prévoir les persécutions et la répulsion systé-
matique dont ils sont devenus l'objet, même à
Rome où se trouvait naguères leur général et le
principal siége de leur ordre, et où ils semblaient
l'objet de la vénération publique.

Parmi les promenades qui font le charme de Dusseldorf , je citerai celle de Graffenberg à cause du
beau lointain des Sept-Montagnes , l'avenue de la
Ville-Neuve et le jardin de la cour. Jadis, on aurait
employé des semaines à admirer les belles toiles
que renfermait son musée. Aujourd'hui, les places
restent seules , sauf l'*Assomption de la Vierge*, par
Rubens, qui y est demeuré e pour mieux faire appré-

cier l'absence de tant d'autres chefs-d'œuvre qu'il faut aller chercher à Munich. Une riche collection de dessins et de gravures ne saurait tenir lieu de dédommagement. Quel est le voyageur qui, sans avoir une spécialité dans ce genre, peut employer son temps à parcourir des portefeuilles?

Les trappistes avaient une maison auprès de Dusseldorf; ces *morts vivants* n'existent plus qu'en souvenir.

En outre du commerce important que la ville doit à sa position, la contrée est riche par son industrie. En première ligne, il convient de placer ses forges et ses nombreux hauts-fourneaux.

Je ne prétends pas abuser de votre patience en vous faisant parcourir pas à pas chaque site, ou en vous arrêtant, ainsi que le convoi, aux diverses stations. J'aurai mieux à vous dire, réservez-moi votre bonne grâce, et retournons à Cologne par la même voie, pour prendre ensuite celle qui se dirige vers la Belgique.

LETTRE III.

Sans vouloir vous faire rétrograder, permettez-moi quelques mots encore sur Cologne; peut-

être ne pourrai-je plus y revenir ; vous souvient-il
de la Suisse en 1846 ? Il était facile de prévoir,
quand nous y avons passé, qu'une collision san-
glante se préparait entre les deux partis ; que la
question religieuse n'était qu'un prétexte pour le
radicalisme ; et que les questions politiques soule-
vées par la propagande étaient palpitantes dans
tous les cœurs.

Les évènements n'ont pas tardé à justifier nos
prévisions. Eh bien ! il en est de même de Cologne
et de toutes les provinces rhénanes !

Cologne est sur un volcan qui demeurera com-
primé tant que le roi de Prusse pourra compter
sur le dévouement des troupes qu'il y emploie, et
déjà, cependant, il y a bien eu quelques tentatives
de séditions et de révolte. Mais les pauvres petits
souverains placés plus loin sont livrés à la merci de
leurs sujets. Trop peu puissants pour se défendre,
travaillés chacun chez eux par les mêmes dissensions et ne pouvant pas se secourir, ils devront tous
subir la même loi. Déjà, dans le Nassau, le duc si
riche par les forêts, les sources fécondes et l'industrie qu'il exploitait à son profit, vient d'être réduit
à son patrimoine, et ne conserve son titre qu'à la
condition d'en subir les charges sans aucune com-

pensation. Ainsi vont être tous les autres, tant les exemples de la France, de l'Autriche, de la Prusse, de la Lombardie ont eu d'influence sur ceux qui, dans tous ces pays, préfèrent le pillage au travail honorable, et voudraient paraître ne pas comprendre que le communisme est un non-sens qui ne saurait résister à la moindre analyse, et que ce serait les conduire à leur perte que de tenter d'en faire l'épreuve.

La Belgique seule résistera peut-être à cette terrible contagion. Frappée de stupeur à l'aspect de tant de désastres, éclairée par la ruine qui doit en résulter, les rangs se sont serrés pour repousser tout principe démagogique, et son roi, qui trouverait du bonheur à déposer une couronne qu'il ne porte qu'à regret, est, — par cela seul, peut-être, — contraint de la garder.

C'est dit, et je vous en félicite. La haute portée de votre esprit m'a encouragé dans cette digression. Comment se soustraire à traiter parfois des sujets sérieux en présence d'aussi graves circonstances? Je m'engage cependant à n'y plus revenir; — vous pourrez, désormais, lire sans crainte.

Peut-être aurait-il mieux valu ne pas me mettre dans le cas de vous donner cette assurance.

LETTRE IV.

J'ai coupé court à la précédente pour vous donner le moyen d'en faire bonne justice. Je ne saurais comprendre l'influence sous laquelle je me trouvais en l'écrivant ; rien n'était de nature à provoquer ma bile ; je déjeunais au bord du Rhin , dans le jardin du débarcadère, qui justifie le nom de *Belle-Vue*, en attendant le départ du convoi auquel j'allais me confier. J'avais à ma droite la ville entière et son pont de bateaux, à gauche, le fleuve se déroulait au centre d'un horizon auquel rien ne mettait obstacle. Je venais d'avoir la preuve que mes désirs au sujet du chemin de fer allaient être réalisés en partie , les remparts reculés sans cesser d'être garnis de meurtrières, les quais, élargis aux dépens du fleuve, donneront passage à la voie ferrée ; le nouveau débarcadère sera bien mieux placé sans que les mesures de sécurité se trouvent en défaut, et les murs crénelés , en donnant place à des embrasures multipliées, surveilleront les abords du débarcadère, pour le cas où des soldats déguisés en touristes pourraient paraître hostiles à la cité.

Je venais de constater les rapides progrès des travaux de la cathédrale, voir sa nef principale couverte de sa charpente et n'attendant plus que la toiture; les voûtes ogivales de ses nefs latérales entièrement terminées et laissant voir leurs vitraux sans obstacle; la charpente des deux côtés de la croisée avançant rapidement; leurs deux portails s'élevant majestueusement; toutes les pierres dont nous avions admiré les élégantes ciselures, et bien d'autres encore, étaient en place; je ne trouvais à blâmer que le dallage en pierres grises, que je préférerais en marbres variés, plus en rapport avec l'ensemble de l'édifice; — les clochers seuls sont réservés pour plus tard, et si on y travaille avec le même zèle, en supposant tout l'argent nécessaire, — ce qui pourrait bien faire question — cette rivale — à la richesse de la matière et aux statues près — du dôme de Milan, pourra être terminée dans quarante ou cinquante ans.

Sans doute alors on déblayera la place pour mieux montrer le colosse à distance.

Rien ne pouvait donc me servir d'excuse, et je dois vous exprimer de nouveaux regrets!

Le chemin de fer traverse pendant assez longtemps un pays plat et monotone; ce n'est qu'à la suite de plusieurs stations qu'il devient boisé et plus fertile.

Entre Escheveiler et Combach, les bois deviennent des forêts et servent à l'exploitation de la calamine, dont la fusion produit le zinc et emploie un nombre considérable de hauts-fourneaux, d'autant mieux placés que la matière première et le combustible les entourent, tandis que les moyens de transport se trouvent tout auprès.

Cette exploitation de la calamine est bien plus considérable dans les usines de la Vieille-Montagne dont j'aurai à vous rendre compte plus tard.

La station de Stolberg, placée au centre de deux tunnels et entourée de bois qui s'étendent à perte de vue, laisse à sa gauche la belle vallée de Munsterberg, son joli village, ses nombreux hauts-fourneaux employés au minerai de fer qui se trouve dans cette localité; ensuite une longue chaussée décrivant une courbe, et un beau viaduc, conduisent à la ville d'Aix-la-Chapelle que l'on découvre à droite, au fond d'une immense vallée.

LETTRE V.

Il me faut, avant tout, vous dire la chronique à

laquelle la fondation d'Aix-la-Chapelle semble se
rattacher. Vous y croirez si vous voulez ; je ne saurais vous en faire une loi. Le chapitre des chro-
niques est fécond sur les bords du Rhin, et si elles
ne sont pas toutes également intéressantes, elles
n'en sont pas moins des articles de foi pour la plupart des habitants.

— Donc. Charlemagne , doublement veuf, employait ses loisirs, alors qu'il ne guerroyait pas , à
parcourir ses États et à rendre en personne justice
à ses sujets.

Quiconque sonnait une cloche placée à proximité
de sa demeure , obtenait promptement audience et
racontait ses griefs à son puissant seigneur, parlant à sa personne.

Pour un temps si féodal, cela me semble assez populaire. — Or, pendant trois jours, la cloche avait
tinté sans qu'il eût paru de pétitionnaire. La chose
parut nouvelle à l'empereur, qui voulut en connaître la cause. Il prescrivit d'espionner, et sa police — il y en eut de tout temps — vint lui redire
que le coupable était un énorme serpent, lequel,
après avoir tiré la corde, s'était acheminé lente-
ment vers une caverne peu éloignée.

Le jour suivant, l'empereur y fut à l'heure dite ;

il put vérifier le fait; et, voulant étendre sa pro-
tection même sur un descendant du coupable ten-
tateur de notre mère Ève, auquel nous devons tant
de maux ici-bas, il le suivit, et aperçut un énorme
crapaud qui semblait se complaire à empêcher le
reptile de rentrer dans son domicile. L'usurpateur
fut mis à mort! Peut-être aurait-il eu de bons motifs à alléguer; mais dans ce temps de prompte
justice, il fut d'abord expédié, et le juge s'en re-
tourna fort satisfait, quand même, de son arrêt, ce
qui se voit encore fréquemment de nos jours.

A quelque temps de là, le monarque présidait
à un somptueux festin; toute la cour était à table,
et on ne comptait sur aucun autre convive, lorsque la porte s'ouvre et le serpent s'introduit à la
grande surprise de tous, et même, s'il faut le dire,
à la terreur de quelques-uns, fait au souverain
juge trois soubresauts en guise de salut, et dépose
dans sa coupe un rubis inestimable.

L'empereur en fit faire un anneau.

Une dame de la cour, à laquelle il voulait plaire,
le lui demanda comme preuve d'amour, et aussitôt après l'avoir obtenu, elle devint impératrice!
Mais le sort, jaloux d'un amour que le temps et
l'usage ne faisaient qu'augmenter, voulut y mettre

un terme, et les jours de *Fastrada* parurent mena-
cés.

Quand elle vit sa fin prochaine, elle fit promettre
à une de ses femmes, sous le sceau du secret, de
placer sous sa langue, après sa mort, le talisman
auquel elle attribuait son empire sur son époux et
qu'elle ne voulait transmettre à personne.

Le charme opéra à tel point, que, morte comme
vivante, l'empereur ne pouvait s'en séparer. Il la
fit précieusement embaumer; elle le suivait dans
ses voyages, et était partout placée dans la chambre qu'il habitait.

Ses courtisans, qui n'étaient pas sous l'influence
de l'anneau, trouvèrent à la longue la société peu
agréable. L'archevêque Turpin, surtout, résolut
d'en finir à tout prix et découvrit à force de recherches le talisman dont il parvint à s'emparer.
Le monarque permit alors que le cadavre fût mis
en terre; mais son amour se reporta sur l'archevêque auquel il ne permettait plus de le quitter.

Le saint homme, pour s'y soustraire, lança la
bague dans le lac de Frankemberg. Aussitôt Charlemagne, sans qu'il pût en expliquer la cause, ne
voulut plus s'en éloigner. Un rocher qui se trouvait au centre devint la base d'un château. Il y fixa

sa résidence, et bientôt la ville d'Aix-la-Chapelle prit naissance tout auprès.

Soutenez ici le contraire, et on aura pitié de votre incrédulité.

Après ce préambule, nous laisserons à gauche, non loin du viaduc, la ville de Borcette, son antique abbaye, ses fabriques et ses eaux minérales qui surpassent en chaleur toutes celles d'Aix-la-Chapelle; celle dite du Nuhlenbend, qui se divise entre quatre bains à 62 degrés ; on prétend que des animaux peuvent y vivre, je ne saurais leur porter envie. Celles de l'Écrevisse en ont 54. C'est tout au plus si l'on fait mention de celles qui n'en ont que 48.

L'abbaye de Borcette fut fondée par saint Clodulf en 700 et quelques, et destinée à des moines bénédictins. — Ceux-ci, devenus par la suite fort peu réguliers, durent aller ailleurs faire pénitence de leurs méfaits, et furent remplacés par une communauté féminine. Il paraît que l'exemple était contagieux ou que la chaleur des eaux pouvait en être la cause, car les mœurs des nouvelles recluses donnèrent lieu à de nouveaux scandales, et il fallut encore en faire justice.

Il en résulte, pour la morale, qu'il ne faut pas

2

mettre en contact des gens qui par état doivent vivre dans l'abstinence, avec des sources sulfureuses qui propagent l'incandescence à un aussi haut degré.

Le débarcadère d'Aix-la-Chapelle domine la ville, à laquelle les nouveaux quartiers viennent le relier. De belles rues neuves, larges et bien bâties, conduisent au centre. La salle de spectacle et les meilleurs hôtels sont auprès de la fontaine Eliza, émanation de la source de l'Empereur, et dont les vertus bien constatées attirent les buveurs. Sa rotonde est le rendez-vous des femmes élégantes qui y retrouvent leur fraîcheur et tous les charmes de leur jeunesse. Il n'est aucuns maux qui résistent aux eaux de la fontaine Eliza et aux bains de l'Empereur ! Peut-on s'étonner de la foule qui s'y rassemble ? Les souvenirs historiques dont la ville a été le théâtre à tant d'époques différentes, le tombeau de Charlemagne et les précieuses reliques conservées dans la cathédrale, ne sauraient suffire à cette vogue.

Les eaux sulfureuses d'Aix-la-Chapelle ont une juste célébrité. Elles se divisent en plusieurs sources, dont chacune a plus ou moins de mérite. Celles de l'Empereur passent pour les plus fortes; mais l'établissement est moins soigné que les bains de

la Rose et ceux de Sainte-Corneille, qui réunissent
le comfortable au suprême degré. Ces établissements sont en face de la Redoute, où le jeu est per-
manent. Ses effets sont généralement moins salu-
taires que celui des naïades dont je viens de vous
parler, et malgré des mécomptes fréquents, c'est
encore le lieu de réunion où l'on est assuré de
rencontrer le plus de monde.

Les édifices sont peu nombreux; l'Hôtel-de-
Ville, sur la place du Marché, est un grand bâtiment
sans style, dont le perron seul attire le regard, et
qui est flanqué de deux hautes tours plus baroques que curieuses; — en face, une fontaine surmontée de la statue en bronze *dédoré* du premier
fondateur, et qui n'est en rapport ni avec le sujet
qu'elle représente, ni avec la place qui l'entoure,
où elle ne produit aucun effet.

Le théâtre, construit sur l'emplacement d'un
couvent de capucins, où un tableau de Rubens
représentant la sainte Vierge allaitant l'enfant
Jésus mettait à mal tous les novices, à tel point
qu'il fallut le couvrir pour assurer le repos de leur
âme. Quelques églises du second ordre, et enfin
la cathédrale qui fait aussi le sujet d'une légende.

Cette église, bâtie par Charlemagne, — il y a

long-temps puisqu'il datait à peine de la moitié du
VIIe siècle, — vint un jour à s'écrouler bruyamment
et en grande partie.

Le sénat et le chapitre étaient remplis de bonne
volonté pour relever les murs qui recouvraient le
tombeau du grand monarque, et mettre à l'abri les
précieuses reliques qui, dans ces temps où la foi
était encore en honneur, attiraient de bien loin
de nombreux pèlerins. Mais l'argent leur manquait, et ils ne trouvaient aucun moyen pour s'en
procurer suffisamment. Un *Monsieur* en offrit.
Ce *Monsieur* était le diable! il demandait seulement, en revanche, la libre possession de la première personne qui se présenterait quand l'édifice
serait terminé. C'était bien peu de la part *du démon*
pour relever le temple *du seigneur!*

— Le chapitre et le sénat semblaient suffoqués,
tant par l'odeur de soufre que répandait le per-
sonnage, que par la pensée de livrer à Satan un
bon chrétien vivant, sain de corps et d'esprit, et
qui probablement se trouverait fort mal de l'avan-
ture. Toutefois le malin ne voulut pas en démor-
dre, et le marché fut conclu; — ils étaient bien
certains que, se trouvant dans le secret, aucun
d'entre eux ne tenterait l'épreuve!

Les travaux alors furent poussés rapidement, et
le *Monsieur* attendait son salaire, quand un des sé-
nateurs, moins bête que les autres, inventa de faire
conduire devant la porte principale un loup récemment pris, et qu'on tenait renfermé dans une
cage. Ainsi, le trompeur fut trompé, et il n'en
coûta mort d'âme à personne, si ce n'est au loup,
ce qui me paraît peu important.

Je croyais, je l'avoue, le diable plus malin. Il
s'est probablement ravisé depuis cette aventure!
Dans sa colère, toutefois, il referma la porte si vio-
lemment qu'elle se fendit et qu'on la montre ainsi
à preuve. — On a même placé le portrait du loup,
coulé en bronze, sur un pilier à côté de la porte,
en souvenir de cet heureux évènement! quant à la
fente, j'en ai vainement cherché la trace.

LETTRE VI.

Après le merveilleux, revenons au véridique.
Cette église reconstruite, soit à l'aide de Satan,
soit, ce qui me paraît plus probable, avec les secours
des fidèles, est riche par ses ornements à l'extérieur, et fort originale par sa forme intérieure. La
grande coupole est placée à l'entrée, au lieu de sur-

monter la croix ou de décorer le chœur, comme
dans la plupart des autres églises. Ce dôme, fort
élevé, est supporté par une double rangée de
colonnes superposées et de forme octogone; l'intérieur de cette coupole est orné de sculptures;
au centre se trouve le caveau où étaient conservés
les restes de Charlemagne. Le pourtour en voûte,
présente plusieurs chapelles; tout ceci date encore
de l'époque primitive. Un lustre placé plus haut,
hommage de l'empereur Frédéric Barberousse,
prouve, sans contredit, qu'à cette époque on n'était
pas encore au siècle des lumières. Une chaire fort
simple se trouve dans cette enceinte.

La partie du chœur séparée seulement par la
sainte table, est entièrement moderne et peu décorée, ce qui ferait peu d'honneur à la générosité
du diable, s'il était vrai qu'il eût fourni les fonds.
En entrant, et au-dessus de la porte de la sacristie
renfermant le trésor, on montre une chaire recouverte pour le public non payant, don de l'empereur Henri II et de la plus grande magnificence.
Tout y est en vermeil : les médaillons sont finement ciselés et entourés de camées et de pierres
précieuses; à la partie supérieure est un onyx sans
pareil pour son volume et ses riches couleurs. Aux

deux côtés, deux camées sur cristal de roche, également précieux par leur travail.

Le trésor est renfermé dans de grandes armoires à doubles vantaux , dont les deux portes sont recouvertes par des peintures où Albert Durer a déployé tout son talent.

Parmi plusieurs reliques, — toutes données par des souverains et d'une richesse de matière ainsi que d'un travail non moins précieux, contenant des objets dignes de la plus grande vénération, — on montre une châsse qui renferme la majeure partie des ossements de Charlemagne (mort en 814), retirés de son tombeau, et conservant les reliques plus précieuses encore qu'il avait fait enterrer avec lui. Au nombre se trouve un portrait de la Vierge, dû au pinceau de saint Luc, et qui pourrait donner une idée du talent de l'évangéliste comme peintre.

Dans l'autre châsse sont renfermés la robe de la Sainte-Vierge, les langes de Notre-Seigneur et le drap qui servit lors de la décollation de saint Jean-Baptiste. Mais il eût fallu demeurer sept ans pour pouvoir vénérer ces dernières reliques. Avec mon argent je n'ai pu obtenir que celles des petits jours, et je n'avais pas le temps d'attendre.

Au premier étage de la coupole se trouve le trône

de Charlemagne. Les bas-reliefs en vermeil qui lui
servaient d'ornements font partie du trésor. Le
siége, en marbre, reste seul, et a servi, pendant
longues années, au couronnement des empereurs
d'Allemagne, qui avait lieu dans cette église. Le
sarcophage où son corps était renfermé avant que
son tombeau n'ait été violé, est de la plus haute
antiquité et du travail le plus fini. Il représente
l'enlèvement de Proserpine, faisait partie des
objets précieux trouvés à Rome, et a été envoyé
par le pape Léon III pour servir à cet usage.

LETTRE VII.

Après une station aussi prolongée dans un lieu
où l'on ne saurait chercher que des sujets de méditation, vous devez partager mon désir de respi-
rer. Nous irons donc ensemble voir, à peu de distance de la ville, le château de Frankemberg, cause
première, s'il vous en souvient, de sa fondation.
Une route sinueuse, comme toutes celles que l'on
a le bon goût de préférer dans ce pays, y conduit.
Elle est bien plantée et traverse de vertes prairies,
des cours d'eau et des usines. Le fameux lac sub-
siste toujours. J'ignore s'il recèle encore l'anneau

magique de Fastrada, et je ne chercherais à m'en
convaincre que si j'avais l'espoir de faire usage de
son empire pour m'assurer votre affection ! Quant
au château, placé au centre sur un monticule assez
élevé, il n'en reste que les deux tours : l'une octogone, l'autre ronde, et toutes les deux crénelées.

Un des anciens comtes de Mérode, qui en était
propriétaire, a eu le bon goût de conserver ces anciens restes et d'édifier, avec les ruines, une moderne habitation. Un premier pont conduit dans
une cour ; un second, plus prolongé, traverse une
partie du lac, et donne entrée dans le château,
complètement isolé d'autre part. Le nouveau pos-
sesseur n'en permet plus l'entrée. On montait à la
cime des tours et on dominait toute la contrée. Si
l'archevêque Turpin s'était douté du résultat de sa
malice, il ne pouvait mieux choisir la place où devait s'élever une maison royale.

Nous reviendrons, — en suivant un cours d'eau
limpide qui met en mouvement plusieurs usines,
forme des réservoirs et vivifie la vallée, et en passant sous les arches du viaduc, — à Borcette, dont
je vous ai déjà parlé.

Les abords en sont ravissants. De beaux arbres,
des chemins bien tracés, des hôtels pour les bains,

des sources bouillonnantes, dont une surgit au centre de la ville; deux églises sur la hauteur; une d'elles, déjà citée, porte la date à laquelle l'empereur Othon II lui donna son beau-frère pour abbé ! Ces deux églises dominent Borcette et tous les environs. Des pentes douces y conduisent ; mais on serait dédommagé de l'ascension, fût-elle plus pénible, par les points de vue que l'on y trouve.

Les boulevarts extérieurs d'Aix-la-Chapelle sont bien entendus. Leur double rangée d'arbres est à distance des murailles, et le terrain qui les sépare, et qui jadis servait de fossés, est dessiné en jardin anglais. Par ce moyen on a détruit cette monotonie si fatigante partout ailleurs. De l'autre côté, on a construit des villas nombreuses entourées de jardins, et cette promenade a tant de charmes, qu'il faut continuer malgré soi, et que l'on n'éprouve de la fatigue qu'après avoir terminé sa tournée.

Du côté opposé aux ruines de Frankemberg, une rampe, adoucie par de fréquents contours et bien ombragée, conduit au sommet de *Louisberg*, montagne bien plantée, et d'où l'on voit le véritable panorama de toute la ville et du pays qui l'environne.

On y retrouve aussi des souvenirs français à des

époques bien éloignées l'une de l'autre. Son nom, *Mont-Louis*, lui fut donné en souvenir de Louis-le-Débonnaire. Les travaux qui l'ont embelli sont dus à l'empereur Napoléon.

Lors de son séjour, en 1802, cette position lui parut si belle qu'il voulut en rendre les abords faciles.

Une pente douce et prolongée permet aux voitures de parvenir au sommet. Des sentiers plus rapides abrégent l'ascension pour les modestes promeneurs. D'autres routes suivent diverses directions, — au centre d'une forêt d'arbres verts, — en montrant des points de vue lointains et variés. Une rotonde se trouve à la cime; elle n'aurait pas satisfait à la pensée de l'ordonnateur.

Un obélisque fixe le point où le regard n'éprouve aucun obstacle pour embrasser l'horizon le plus vaste. C'est là qu'il faut demeurer long-temps.

Le panorama de la ville entière, de ses monuments, de sa ceinture de boulevarts, est sur le premier plan.

Une immense plaine tout à l'entour, de nombreux villages, de riches moissons, des montagnes boisées et surtout les ruines du temps de Charlemagne, complètent le tableau. A mi-côte, un bel

établissement sert de rendez-vous à tous les promeneurs du dimanche, qui viennent y danser au
son d'un excellent orchestre et prendre du café,
rafraîchissement préféré ; et , au pied de la montagne, un jardin anglais avec son lac, ses ponts et
tous ses accessoires, la réunit à la vallée.

On aime à se reporter aux temps où ce puissant
génie savait calmer les passions intérieures, rétablir l'ordre, tout réorganiser, rallier les partis pour
ne leur laisser d'autre mobile que la gloire, tirer
sa patrie du chaos où les factions l'avaient réduite ,
la placer au premier rang parmi toutes les nations,
et où il trouvait encore des loisirs pour s'occuper
des moindres choses.

Son souvenir est demeuré grand, même parmi
ceux qu'il a vaincus ! Il s'était fait un nom grâce à
son génie. D'autres, voudraient vainement se servir
de ce nom pour suppléer à tout ce qui leur manque pour le remplacer !

LETTRE VIII.

Tous mes récits vont avoir désormais pour objet des excursions dans les environs. Que vous importe de savoir que la ville renferme plus de 42,000

habitants, que sa partie vieille est montueuse et que les rues sont mal percées et mal pavées, que la police y est sévère et les cafés peu fréquentés, que cette année le petit nombre d'étrangers a mis obstacle à la plupart des réunions, déjà fort rares dans les temps prospères?

Je ne m'en plains pas, et j'en profite pour prendre des douches fort bien données, et auxquelles je ne saurais reprocher que le contact avec le doucheur, qui s'introduit dans la baignoire et se place corps à corps, nu à nu avec vous, ce qui me paraît on ne saurait plus désagréable. L'opération du massage qui en résulte sur la partie endolorie, rend, dit-on, l'effet de la douche beaucoup plus salutaire. Il m'a fallu y ajouter foi pour vouloir m'y résigner, mais c'était chaque jour le sujet d'un nouveau supplice! Décidément, je m'applaudis de ne pas être né en Grèce dans les anciens temps!

Je me bornerai à vous rappeler, en faveur de l'importance politique d'Aix-la-Chapelle, que, depuis Charlemagne jusqu'en 1553, trente-six empereurs d'Allemagne,— dont deux rois de France sur les six qui ont porté les deux couronnes, — sont venus s'y faire sacrer; qu'il s'y est tenu dix-sept diè-

tes de l'Empire, trente conciles, et que trois traités
de paix y ont été signés, entre autres celui de la
Sainte-Alliance en 1818, dont un bien mesquin
monument, placé auprès de la route de Trèves,
conserve le souvenir, et celui de 1842, dont la
France fut exclue, affront qu'elle aurait dû ne pas
subir, si elle eût mieux compris sa dignité!

Le cimetière catholique se trouve un peu au-
delà; il n'a rien de remarquable. Je l'aurais passé
sous silence, s'il ne se fût trouvé sur mon chemin
pour aller voir, à une lieue de la ville, les vestiges
de *Schoénsfort*, autre maison de chasse de Charlemagne. Celle-ci n'est le sujet d'aucune légende et
ne laissera bientôt aucuns souvenirs! Ses anciens
fossés sont remplis de broussailles; deux poutres
disjointes remplacent le pont-levis; une seule de
ses tours, tranchée par moitié, conserve sa hauteur à peu près primitive; le reste ne montre plus
que des murs réduits au tiers et qui menacent de
s'écrouler encore. Les arbres qui ont pris naissance dans leurs parties lézardées, les lierres vi-
goureux qui les tapissent, aideront à ce résultat
tout en leur donnant, jusqu'alors, l'aspect le plus
pittoresque.

La cour que l'on traverse servait d'arène lors des

tournois ; les tribunes conservées autour étaient
occupées par les personnes de haut parage : c'était
là que la reine de Beauté donnait le prix au plus
vaillant, qui se trouvait heureux d'exposer sa vie
pour ses beaux yeux et pour faire proclamer son
mérite. Hélas! l'arène est transformée en cour de
ferme, les dames et les grands, sont remplacés
dans les tribunes et galeries par des gerbes de
blé ; sans cet emploi, elles seraient aussi en ruines,
et de ces temps néfastes de gloire et de chevalerie,
il ne reste plus que ce qui peut servir au labou-
reur.

Le site de ce vaste manoir était encore fort bien
choisi; il domine tous les alentours, et, au-dessus
de son donjon, la vue devait être fort étendue. Il
ost à regretter qu'il ne soit pas demeuré isolé et
visible de toute part. Ces vestiges des temps anciens, où l'on peut croire voir revivre des héros,
devraient être l'objet de la sollicitude du gouvernement et soustraits à des mains mercenaires. En
France, on a su s'en préoccuper ; les monuments
historiques sont placés sous la surveillance de
l'État.

LETTRE IX.

Une curiosité doublement motivée a conduit mes pas aujourd'hui. J'ai pris le convoi parti de Cologne et je me suis fait conduire à Astenet. Là, j'ai vainement réclamé un guide. Il a fallu me contenter de quelques indications qui m'ont heureusement suffi.

Je vous ai parlé d'un double but, vous devez vous attendre à un double récit. Je débuterai, — si vous voulez y consentir, — par la partie industrielle, quoique plus éloignée. Je réserverai la partie romantique pour vous faire oublier la première.

Il s'agira *donc d'abord*, des établissements de la Vieille-Montagne, et de la calamine qui produit le zinc, de qualité supérieure et en quantité considérable : la route qui conduit de Liége à Aix-la-Chapelle les traverse ; ils n'ont nullement répondu à l'idée que leur renommée m'en avait donnée.

Je m'attendais à les comparer à ces minières où l'on va chercher le minerai de fer au centre de la terre et à de grandes profondeurs ; où l'on suit ses filons avec persistance à l'aide de travaux multipliés, où les mineurs doivent faire preuve de génie pour se soustraire à d'éminents dangers et pour augmenter leurs bénéfices.

Je croyais descendre par des puits, parcourir de vastes galeries.

Je comptais sur un sol recouvert d'arbres, comme sur les minières ferrugineuses, pour prêter du charme à la localité.

Je me figurais la vallée sillonnée de cours d'eau pour mettre en mouvement de nombreuses usines, et rivaliser avec de puissantes souffleries pour activer la flamme des hauts-fourneaux destinés à fondre la matière, ainsi que dans nos localités.

Je m'attendais à voir des ouvriers transformés en cyclopes, et pouvoir me procurer un avant-goût des peines de l'enfer !

Le sol qui produit la calamine, semble avoir été calciné d'avance ; il ne présente aucune trace de végétation, ce qui produit un pénible contraste avec le reste du pays : c'est l'abomination de la désolation !

La calamine s'exploite à ciel ouvert, presqu'au niveau du sol, ou si on va la chercher plus bas, l'extraction est si facile qu'elle ne saurait donner lieu à aucuns travaux intéressants. Comme

3

actionnaire, j'y trouverais de l'avantage, mais je
n'étais qu'un curieux désappointé. Le cours d'eau
où on la lave pour l'épurer, est au-delà d'un monticule : les lavoirs sont mal conçus, le lavage gros-
sièrement fait surtout, par rapport au prix que l'on
attache à la matière.

J'espérais y trouver des leçons, l'art y est dans
son enfance !

Au lieu de ces hauts-fourneaux, de ces forges, de
ces beaux établissements qui, chez nous, ont porté
nos usines à une si grande perfection, de simples
fours sans éclats, sans jets de flammes, sans aucun
appareil fantastique, servent à fondre une faible
partie des produits que l'on retire, et se bornent à
les transformer en lopins ou plutôt en gueuses de
minimes proportions. Le surplus est envoyé à Liége
ou à Stolberg, où tout est traité sur une bien plus
grande échelle, et où, après la fusion, de puissants
laminoirs étirent la matière et lui donnent la forme
dans laquelle elle est mise en œuvre par l'industrie. Je me réserve d'aller les voir pour me dédommager de mes désillusions de la Vieille-Montagne !

Je réserve aussi les plombières de Cornélymuns-
ter, pour vous en rendre compte au retour de
Stolberg, où leur produit est mis en œuvre, et où

l'on espère toujours y trouver de l'argent en suffisance, pour remplacer tout celui que l'on y dépense
— en attendant !

LETTRE X.

J'avais laissé le château d'*Emmaburg* à ma gauche, perché sur un rocher, et j'avais hâte d'y revenir.

C'était le séjour préféré de Charlemagne ; c'é-
tait là que, déposant le sceptre du monde, il aimait
à se prélasser au sein de sa famille et loin du faste
de sa cour, et où il ne cherchait d'autres adver-
saires que les hôtes sauvages des forêts d'alentour,
qui savaient faire acheter leur défaite. C'était enfin
celle de ses maisons de chasse qu'il habitait plus
long-temps que les autres.

Je m'attendais à de grands souvenirs et tout semblait y concourir !

Placé sur le roc élevé qui lui sert de base et
dominant tous ceux que la forêt laisse entrevoir,
une pente rapide lui tenait lieu de remparts ; de
larges fossés créés par la nature l'isolaient encore
de ce côté, un pont élevé servait à les franchir. La
vue ne pouvait s'étendre que sur d'autres rochers

de formes variées et couronnés par des arbres de-
meurés vierges depuis la création.

Un de ces rocs isolés, de forme conique, servant
de vase à un de ces beaux arbres, s'élève à pic au
centre du fossé, et sert de belvéder en même temps
qu'il montre le manoir en entier de ce côté. On y
parvient encore à l'aide d'un pont de bois suspendu
sur l'abîme. Le bruit de la rivière qui coule plus
loin, vient en augmenter le charme. Mais le château est loin de réaliser sa haute renommée. Ses
rares fenêtres sont garnies de croisillons de pierre
qui les font paraître encore plus étroites. La cour
intérieure sert à l'exploitation de la ferme en laquelle le manoir a été transformé. Le fermier au-
bergiste remplace à lui seul le monarque, les
courtisans et les gardes. La porte basse par laquelle j'ai pu m'introduire ne semble pas avoir pu
donner passage à Charlemagne, et rien dans l'intérieur ne saurait servir de souvenir.

On m'a donné du lait et du pain noir dans la
salle des festins, où les hôtes des forêts tombés
sous les coups du royal chasseur étaient servis en-
tiers à de nombreux convives. — La décadence se
montre en toute chose.

Pendant que Charlemagne se prélassait dans ce

séjour en méditant quelque nouvelle conquête, ou
en dictant des pages de ses Capitulaires, Eginhard,
son historien, ne pouvait pas toujours écrire; Emma,
sa fille chérie, toujours les écouter : ils étaient jeu-
nes, ils étaient beaux, ils étaient contraints de se
trouver toujours ensemble, tout inspirait l'amour
dans un pareil isolement et au milieu d'une nature
aussi vivifiante ;— ils devaient succomber !

Comment les blâmer ou les plaindre?.....

Qui ne connaît l'histoire de la neige et celle de
leurs amours : ce fut là qu'à la suite d'une insom-
nie, Charlemagne fut mis au fait de leur intrigue,
en surprenant celle qu'il ne voulait voir aimer
par d'autres que par lui, portant sur ses épaules
cet amant qu'elle venait de rendre si heureux,
pour éviter que ses traces, sur la neige qui l'avait
surpris auprès d'elle, ne vinssent dévoiler leurs
amours. C'était là encore qu'il venait la pleurer
coupable, alors qu'elle expiait dans l'exil sa faute,
auprès de son amant devenu son époux, et n'é-
prouvant d'autre regret que d'avoir encouru la
disgrâce de son père! Ce fut encore à Emmaburg
qu'il la ramena après plusieurs années d'angoisses,
et qu'il lui rendit toute sa tendresse et à l'heureux
Eginhard tous ses honneurs !

Je blâme seulement la légende, qui attribue cette reconnaissance au talent sans pareil d'Emma pour faire une matelotte. Je consens à voir les romanciers transformer les princesses en bergères, —tout en doutant de leur aveu ; — mais je ne suis pas encore assez libéral pour pousser l'abnégation jusqu'à leur voir faire la cuisine , — quelle que puisse être leur supériorité dans ce genre.

C'est un fleuron qui me paraît fort déplacé dans leur couronne.

Cette chronique sur Emmaburg, qui se trouve dans toutes les bouches, — ce qui me semble une raison de plus pour vous la rappeler, — a fourni à un de nos amis, le marquis de Périer , homme d'esprit et même poète, le sujet d'un gracieux à-propos.

Nous devions jouer en société sur le joli théâtre de la princesse de Vaudémont , à Suresnes, et devant un public fort bien choisi, le *Baiser au porteur*, alors nouveau et fort en vogue.

Le couplet final destiné à Jeannette, ne plaisait pas avec raison à la charmante actrice qui remplissait ce rôle; elle était décidée à le passer sous silence, et le bouquet devenait incomplet.

Notre compatriote, témoin de nos regrets, vou-

lut tout arranger, et l'impromptu suivant vint réunir tous les suffrages; il avait, en outre, le mérite
de l'à-propos.

> Présence d'esprit et finesse,
> Des femmes sont l'heureuse part ;
> On sait comment une princesse
> S'y prit pour sauver Eginhard :
> Grâce à cette unique ressource,
> Il en fut quitte pour la peur,
> Et paya le prix de la course,
> Avec un baiser au porteur !

Scribe en aurait été jaloux !

LETTRE XI.

La ville donnait hier un grand bal à la Redoute;
les étrangers y étaient invités, et j'ai dû répondre
à cette politesse. J'étais curieux aussi de voir si j'y
rencontrerais quelque personne de connaissance,
et de juger l'élite de la société qui devait s'y réunir. Quelles postures ! quelles toilettes ! pas moyen
de commettre le moindre péché véniel si l'on en
avait eu l'envie Je pensais que la Prusse était,
comme toute l'Allemagne, la terre classique de
la valse ; quelle déception ! sur soixante couples
qui tournaient dans l'espace, pas un ne tombait en
mesure; et, pour comble de disgrâce, celui qui vou-

lait valser en glissant avait une sauteuse pour
compagne. Les quadrilles étaient encore bien autre
chose. J'avais envie de me chanter à moi-même,
— et bien bas, — le joli couplet de Scribe dans la
Somnambule !

« Que t'en semble, quelles tournures,
» Ils sont bien généreux, vraiment,
» De montrer gratis des figures,
» Qu'on irait voir pour de l'argent. »

Vous pensez que les plaisirs du bal n'ont pas fait
tort à mon sommeil ; seulement il n'en est résulté
aucun rêve séduisant !

Il me fallait une revanche à la Vieille-Montagne,
et Stolberg en était chargé. On m'avait annoncé
une promenade d'une heure, et après avoir marché d'un bon pas pendant deux heures et demie,
je n'y étais pas encore parvenu. La promenade ne
m'en a pas moins paru charmante, ce qui prouve
beaucoup en sa faveur !

Après une vallée boisée, des prés, une usine et
un cours d'eau, une chaussée mène enfin à Stolberg. L'épaisse fumée de ses usines s'étend sur
tout ce qui l'entoure et s'aperçoit de loin.

Les premières sont sous la direction du marquis
de Sassenay et sur une grande échelle. Elles ser-

vent, à l'aide de fours perfectionnés, à mettre en
fusion la calamine qui a reçu d'avance toutes ses
préparations. Une autre plus éloignée, et qui ne
contient que des fours à réverbères, sert à la fusion
de la gatine et du plomb carbonaté, dont le mélange
procure le plomb, qui s'épure ensuite dans diverses chaudières avant d'avoir obtenu toute sa perfection et d'être coulé en saumons. Un autre four
plus perfectionné sert au raffinage qui doit produire l'argent. On affirme qu'il s'en trouve pour
16 fr. par 1,000 kilos ; mais la main-d'œuvre coû-
tant davantage, cette opération ne se renouvelle
pas souvent.

Les riches houillères qui se trouvent au-dessous
de ces établissements et qui s'étendent au loin ,
contribueront toujours à leur prospérité à cause
de la proximité des combustibles et du commerce
dont ces houilles sont l'objet. La première concession a coûté 1,300 fr. à la maison Cockeril. Les
possesseurs actuels en ont payé 1,300,000, et ont
fait une bonne affaire. Une machine à vapeur, de la
force de 300 chevaux, sert à l'épuisement des eaux
dans les galeries, et à monter les baines de charbon
de 100 mètres de profondeur. Elle n'est pas trop
forte pour ce double emploi.

A une lieue plus loin, et par le fond de la vallée,
que l'on a raison de comparer à la Suisse, on trouve
Duden linchel, d'où l'on extrait le plomb carbonaté,
la gatine, la calamine et quelques parcelles de minerai de fer. Les couches qui les renferment sont à
102 mètres de profondeur. A leur sortie, elles re-
çoivent plusieurs lavages, sont séparées avec soin,
et passent par des cribles baignant dans l'eau qui
les divisent d'après leur pesanteur. Les femmes qui
sont spécialement chargées de cette opération, sau-
tillent pour faire mouvoir le crible, et semblent
atteintes de la danse de Saint-Guy. Cet établissement se borne à extraire les matières premières, à les
laver, à les diviser, et les envoye ensuite à Stolberg
où elles sont mises en œuvre. La puissance de la
mine de plomb, qui ne se trouve pas par veine,
mais mélangée dans les couches d'argile avec les
autres minéraux, est telle, qu'on en retire de 70 à
80 quintaux par jour. Les galeries, malgré leur
profondeur, sont vastes et aérées ; elles occupent
plus de 300 mineurs. Un plus grand nombre d'ouvriers est journellement employé aux machines et
au lavage.

Il est à remarquer que les terrains au-dessous
desquels se trouvent les houillères, sont recouverts

de végétation et de beaux arbres, tandis que ceux sous lesquels la calamine est renfermée, malgré plus de 300 pieds de profondeur, sont complète-ment sauvages.

Après une lieue et demie à travers de charmants bois, j'ai retrouvé l'embarcadère de Stolberg qui m'a ramené à Aix-la-Chapelle, après avoir fait plus de six lieues sans compter ma visite des usines et ma descente vers le centre de la terre !

LETTRE XII.

On est remorqué, en sortant d'Aix-la-Chapelle, au moyen d'une pompe à feu placée au sommet d'une montagne, qui sert à l'enroulement de la corde à l'aide de laquelle s'opère la traction. La seule impulsion du convoi auquel des freins servent de modérateurs, suffit à la descente. Le tunnel pro-longé qu'il eût fallu construire pour suppléer à cette ascension, eût été en résultat plus écono-mique. C'est ainsi que l'on a procédé plus loin, car il n'existe pas moins de douze tunnels plus ou moins longs, avant de parvenir à Verviers.

C'est, s'il vous en souvient, à Astenet, que

nous avons quitté le chemin de fer pour nous rendre à Emmaburg et aux usines de la Vieille-Montagne. Je ne vous en parlerai donc que pour
mémoire et à cause de son viaduc.

A Herberstad, on passe la frontière de Prusse pour
entrer dans le royaume de Belgique, et à Verviers,
les douaniers belges se livrent à leurs recherches
minutieuses. Là aussi on change de convoi.

Je ne saurais vous retenir à Verviers ; la vue du
débarcadère est ce que j'aurais de mieux à vous
montrer. C'est une des rares villes de Belgique où
il ne se trouve pas d'anciens monuments, et le
commerce de ses draps n'a rien d'intéressant pour
ceux qui ne comptent pas en faire usage.

La série des tunnels, des ponts et des viaducs, se
succède presque sans interruption depuis Verviers
jusqu'à Pépinster, où nous devions nous arrêter ;
il ne s'y trouve pas moins de dix tunnels et de huit
ponts ou viaducs pour traverser les nombreuses
sinuosités de la Vesdre, dans cette vallée si riante
et si bien boisée.

C'est à Pépinster que l'on quitte le chemin de
fer pour prendre la route qui mène à Spa. Un
embranchement est en projet, les études en sont
faites, mais la dépense considérable à laquelle don-

nerait lieu des travaux d'art multipliés que les
obstacles à surmonter rendraient nécessaires, en a
fait ajourner l'exécution qui, désormais, me semble
peu probable.

Des omnibus et des voitures particulières atten-
dent à la station, et partent aussitôt l'arrivée de
chaque convoi.

Cette vallée est sinueuse, étroite, et baignée par
la rivière de la Hoégne, que de nombreux affluents
rendent bientôt considérable, et qui marie ses eaux
à celles du Wehai, venant de Spa, où elles passent
inaperçues.

Des montagnes bien boisées s'élèvent sur les
côtés, faisant place de temps en temps à des usines
et à de jolies habitations, et les bords de la rivière
sont partout bien plantés.

Le bourg de Theux, jadis ville et maintenant
déchu de sa grandeur, précède Justenville, séjour
favori de la charmante reine Hortense, au temps où
elle faisait chérir le pouvoir exercé par son royal
époux! et, au-delà, les ruines du château de Fran-
chimont rappellent une époque beaucoup plus reculée, et furent le théâtre d'un brillant fait d'armes
entre les Liégois et l'armée commandée par Charles-le-Téméraire en personne.

La vallée se prolonge, toujours verte, toujours
boisée; on trouve à droite une habitation du meilleur goût, ensuite le hameau du Marteau précède
une longue avenue plantée sur quatre rangs. Les
montagnes s'abaissent, et la ville de Spa commence!

Ce séjour maintenant si fréquenté n'était anciennement occupé que par des bergers, et lorsque le
hasard eut fait connaître la vertu de ses eaux, il
fut pendant long-temps impossible d'y arriver.
Aujourd'hui, la vallée est sillonnée de chemins et
les montagnes paraissent rabaissées, tant on a mis
de soins à tracer en zig-zag les routes ombragées
qui conduisent à leur cime.

Les cabanes ont fait place à de nombreux hôtels
où le confortable ne se paye pas trop cher, de
beaux établissements réunissent les buveurs et les
oisifs, et une nature vivifiante a été employée avec
goût, pour les entourer d'arbres majestueux et de
gazons mélangés de fleurs.

La Redoute est, de tous les établissements pu-
blics, le plus fréquenté. C'est là que se tient la
banque, là que se donnent les concerts, les bals
et les spectacles. Placée au centre de la ville, on y
entre à chaque instant; on est assuré de s'y ren-

contrer; les femmes viennent y chercher des ad-
mirateurs et des rivales, les joueurs viennent y
tenter le sort qui leur est rarement propice, mais
qui procure des émotions à des gens riches et
blasés.

La salle de bal, réunie à la salle de spectacle, serait trouvée belle partout.

L'établissement du Waux-hall est hors la ville,
sur la route qui mène à la Géronstère; il est destiné
aux grandes fêtes. Ses jardins sont alors illuminés,
ses vastes salons remplis de fleurs et de femmes,
un bon orchestre invite à la danse, et les jeux s'y
transportent pour satisfaire à tous les goûts.

Un autre lieu de réunion est placé sur le chemin
qui conduit à la Sauvenière. On l'appelle *Lévos*;
mais il est réservé pour les jours de courses ou pour
quelques circonstances particulières; il a, sauf ses
jardins, moins d'importance que les précédents.

La source du *Pouchon*, dont on fait plus généralement usage, est placée sous un péristyle pompeu-
sement dédié par le prince d'Orange, devenu roi de
Hollande, « *à la mémoire de Pierre le-Grand.* » On
y puise l'eau au-dessous du sol. On vante ses
vertus, je me borne à constater qu'elle est fraî-
che et agréable à boire.

La source de la Géronstère sert de but à une jolie
promenade, une longue avenue conduit au bois au
centre duquel un jardin anglais savamment tracé,
planté de chênes séculaires et de mélèzes, entoure
l'établissement, peu considérable, mais très suf-
fisant pour ceux qui y vont boire et surtout y dé-
jeuner.

La route qui conduit à la Sauvenière est moins
agréable à cause de la nature des bois qu'elle traverse; elle semble cependant tracée pour l'agrément des promeneurs; mais, autant la végétation
est fertile dans les vallées, autant le sol paraît in-
grat sur les plateaux plus élevés.

La source de la Sauvenière coule auprès de celle
de Groésbek, avec laquelle elle pourrait se marier,
tant leurs vertus sont identiques.

Il faut descendre par un sentier pour apprécier
la Vallée Rocheuse, que l'on ne saurait soupçonner
de la route. De beaux arbres, absents jusque-là,
précèdent des sentiers tracés en pente au milieu
des rochers couverts de bois, traversant sur plusieurs ponts le ruisseau parfois torrent, et, à travers
des obstacles franchis de manière à leur laisser
tout leur charme.

Un de ces sentiers mène à un monument dédié

à la Reconnaissance, par les élèves de la *vertueuse*
Mme de Genlis, en l'honneur de la source qui avait
rendu la santé à la duchesse d'Orléans, leur
mère. J'espère que l'intention devait avoir plus de
mérite; car, ce marbre, renversé depuis lors et
replacé par Louis-Philippe, ainsi que l'atteste
une pompeuse inscription, est en lui-même fort
peu de chose!

La source du Tonnelet est peu curieuse et moins
suivie. Je ne vous en parle que pour mémoire, et
parce qu'elle complète la tournée.

LETTRE XIII.

L'établissement des bains m'a semblé peu fréquenté. Chacun se contente de boire. J'y ai
éprouvé une mystification que je n'oserais vous
redire si vous ne connaissiez ma véracité.

Je tiens à honneur de faire exception parmi les
narrateurs!

Voulant utiliser mon voyage et soulager une douleur, profit négatif des évènements de Février, —
ainsi que tant d'autres choses, — je demande des
douches aux eaux où je me trouve. Après avoir eu

4

beaucoup de peine à me faire comprendre, on m'a
conduit dans un local qui me semblait peu propre
à cet usage. Les tuyaux de cuir desséchés consta-
taient une complète inaction, et le talent du doucheur me paraissait au moins problématique. Enfin, après avoir patiemment attendu, le premier
jet de la naïade m'a inondé d'une eau glaciale, et
quand je me suis enfui pour me soustraire à ce
supplice, d'ailleurs peu curatif pour un rhuma-
tisme, on m'a proposé, à titre de dédommagement, de m'administrer sur la tête une douche *en
pluie* de la même eau, la seule en usage pour ce
genre d'opération.

J'ai ajourné la séance pour, le cas échéant, me
faire guérir d'un accès de folie ou d'une fièvre cé-
rébrale, bien décidé une autre fois à ne pas re-
commencer sans avoir pris d'avance de plus amples
renseignements.

Mais aussi, comment supposer un pareil acte de
barbarisme dans un pays civilisé et affecté à des
malades?

C'est auprès de ces bains malencontreux que se
trouve la promenade de sept heures, où les étrangers vont deux fois par jour entendre une excel-
lente musique payée par l'entreprise des jeux, qui

semble, cette année, devoir en être pour ses frais
en tous genres, mis à sa charge par le gouvernement
qui ne partage que les profits.

Quant aux nationaux, on ne les rencontre nulle
part et on ne pense pas à s'en plaindre. Ils se bornent à louer leurs chambres, à exploiter les étrangers qui les font vivre le reste de l'année, et à
peindre ces bois de Spa dont ils ont le monopole
et qu'ils vendent à si bon marché.

Les excursions plus lointaines, et que chacun
s'empresse de faire, sont d'abord les grottes de Ré-
mouchamps. On peut s'y rendre en voiture, mais
le trajet est beaucoup plus long et on préfère y aller à cheval. La route est alors mauvaise, et pendant
plus de deux lieues la vue se porte au loin sans
chercher à s'arrêter. Il en est ainsi jusqu'à la vallée arrosée par l'Amblève.

Le joli château de Mon-Jardin, ancien manoir
d'un châtelain réprouvé par ses méfaits, suivant la
chronique, et qui fit mourir de douleur la sœur des
quatre fils Aymond, montre ses tourelles coniques,
sa montagne couronnée de bois et ses jardins en
terrasses, jusqu'aux bords de la rivière qui les sépare du hameau. Plus loin, on trouve la grande
route qui conduit à Luxembourg, et tout contre

est l'entrée de la grotte, fermée par une grille en
fer, pour assurer le salaire de son gardien.

Après avoir payé son tribut à ce Cerbère, on
parcourt successivement des galeries et des salles
souterraines, dont plusieurs sont vastes. On traverse un pont destiné à les réunir, lequel sert à
franchir un cours d'eau qui, Ténare en miniature,
ne verra jamais le jour. En donnant l'essor à son
imagination, on peut transformer les nombreuses
stalactites appendues aux voûtes ou qui revêtent
les parois, en objets fantastiques ou en figures hu-
maines, sans trop s'écarter de la réalité. Toutefois,
malgré la bonne volonté du guide, ces objets de
l'admiration locale ne sauraient être comparés à la
Grotte d'azur ni à celle de la Sybille, qui ne montrent pas de fantasmagorie, mais où il se trouve de
bien autres choses !

On voit, à trois quarts de lieue plus loin, les ruines du château d'Amblève, qui rappellent le souvenir des quatre fils Aymond, et où ils devaient se
trouver trop à l'aise, eux qui, suivant la chronique,
se contentaient du même cheval pour monture.
Celui-ci n'était que leur maison de plaisance. Le véritable séjour de ces chevaucheurs était le château
de Montfort, dont il ne reste aussi que des ruines.

Au retour de cette excursion, pendant laquelle la grotte seule a pu me garantir du soleil le plus ardent, j'ai retrouvé avec bonheur la longue avenue dont j'ai apprécié l'ombrage !

LETTRE XIV.

Figurez-vous que mon histoire de la douche, que j'avais racontée à la Redoute, a été le sujet d'un véritable évènement. Un auditeur, intéressé sans doute à la prospérité de Spa, est allé la redire au docteur chargé de l'établissement. Celui-ci s'est empressé d'en faire l'objet d'un rapport au bourgmestre, à l'appui de ses précédentes demandes. Ce rapport établissait « qu'un étranger de la plus » haute distinction, venu à Spa avec toute sa fa- » mille et une suite des plus nombreuses pour y » passer toute la saison, venait d'être forcé d'aller » se faire soigner ailleurs. Que ce départ, motivé » par l'état de l'établissement, menaçait de deve- » nir contagieux et que la ruine du pays en serait » le résultat. »

Le bon bourgmestre, escorté du fermier, et ravi de mettre au jour son importance, est allé surenchérir auprès du gouvernement de la province.

Une estafette a été aussitôt envoyée à Bruxelles, afin
de provoquer une décision immédiate. Le ministre
en aura sans nul doute investi le conseil, et voilà comment les petites causes produisent de grands effets.

Ceux qui viendront après n'auront pas à s'en
plaindre et je les dispense de m'en savoir gré !

La cascade de Coo est le but d'une autre excursion. C'est encore la rivière d'Amblève qui y donne
lieu en se rapprochant de sa source : la chute n'est
pas très élevée, mais elle s'élance bien, et quand
elle est grossie par la pluie, elle doit produire un
bel effet. Le pont qui la domine rend ce site encore
plus pittoresque.

Il faut savoir oublier en voyage ! Les cascades de
Suisse et des Pyrénées laisseraient peu de mérite à
la cascade de Coo, c'est cependant une agréable
promenade.

Après avoir payé votre dette à ces localités, bor-
nez-vous à visiter les environs ; revenez souvent à
la Montagne-Verte, plus rapprochée ; des rampes
douces vous conduiront jusqu'au sommet en va-
riant les points de vue, et en montrant la ville sous
différents aspects et toujours au premier plan.

Vous pourrez prolonger ensuite au milieu des
bois et sans jamais revenir sur vos pas.

LETTRE XV.

N'ayant plus rien à vous montrer à Spa, nous retournerons à Pépinster en reprenant la même route, et par la meilleure des raisons. Mais elle ne saurait perdre à vos yeux pour être parcourue une seconde fois.

S'il faut en croire les auteurs, le nom de Pépinster désignerait une ancienne résidence de Pépin; mais il n'en reste aucune autre preuve.

La même vallée, la même rivière, un nombre encore plus considérable de ponts, de chaussées, de viaducs et de tunnels conduisent aux bains de Chaud-Fontaine, renommés par leurs vertus curatives, auxquels deux tunnels semblent destinés à servir de portes, de même que le château de Chévremont, — dont les ruines couronnent encore la cime d'une montagne, — semblait chargé de les défendre.

Le château des Masures, remplaçant une maison de chasse de Pépin, est fort élégamment modernisé. Ensuite un dernier tunnel, de nouvelles usines, puis les montagnes s'ouvrent pour faire place à la belle vallée de Liége où elles ne forment plus que des lointains, après lesquels elles disparaissent pour ne plus revenir.

La rivière de l'Ourte ne réunit ses eaux à celles de la Meuse, — que le chemin de fer traverse sur le beau pont du Val-Benoist, — qu'en aval de la ville, et après avoir formé concurremment avec le fleuve une presqu'île de la partie désignée sous le nom d'Outre-Meuse.

Les abords de Liége sont fort imposants. Une large rue nouvellement percée et qui se bâtit rapidement, vient aboutir à l'un des trois débarcadères que son étendue a motivés. On côtoie ensuite la rive gauche de la Meuse et la promenade d'Avray. On traverse le quai de la Sauvinière, autre promenade plantée sur le lit comblé d'une rivière, et qui sépare de ce côté la ville de la montagne de celle de la plaine.

La fondation de Liége date de l'année 709. La ville a pris naissance sur le terrain d'une chapelle fondée en l'honneur de saint Lambert, assassiné en cet endroit par les beaux-frères de Pépin d'Herstal, aïeul de Pépin-le-Bref et bisaïeul de Charlemagne, que l'on supose être né à Jupille, et où le susdit Pépin d'Herstal a été positivement enterré.

La cathédrale, sous l'invocation de saint Paul,
est à l'extérieur un grand vaisseau, et n'a conservé de ses temps primitifs que la partie en rotonde
qui termine le chœur. Il n'y a de curieux que son
clocher, dont l'aiguille fort élevée est flanquée de
quatre tourelles coniques, à pointe fort aiguë, et
d'un fort bon effet. L'intérieur est vaste, quelques
arabesques décorent la voûte; un bel orgue se
trouve au fond. Une chapelle occupée par le tombeau du Christ gardé par des anges, ainsi que la
chaire délicieusement découpée, dont les ciselures
du baldaquin sont fort élevées, et ayant à sa base
cinq figures en marbre blanc de grandeur naturelle,
sont les seules choses à citer.

Je ne saurais en dire autant de l'église Saint-
Jacques, qui, tant à l'extérieur qu'intérieurement,
présente le plus bel ensemble. On s'étonne que
Saint-Paul, en sa qualité de métropole, n'ait pas
réclamé contre cette supériorité incontestable, ou
que Saint-Jacques ne l'ait pas supplantée dans sa
prérogative.

La tête de saint Lambert, qui y est conservée, ne
me paraît pas une suffisante compensation. Il est
vrai que je suis un profane!

Tout ce que le gothique a pu produire de plus

orné se trouve à l'extérieur. Son clocher, assez bas,
tient de l'architecture romane. Un corps avancé par
lequel on s'introduit et dont le portail est d'un style
plus récent, est décoré intérieurement de parties ogivales, dont les joncs se réunissent en arabesques co-
loriées. Les voûtes de la nef sont soutenues par d'immenses pilastres ornés de saints sculptés en marbre.
Les arceaux en ogives sont dentelés, les voussures
sont ornées de joncs peints et dorés, qui se subdivisent à l'infini avant de former le centre de la voûte.
Au-dessus des ogives formant les autres nefs, et
avant la courbe de la voûte, se trouvent des figures
et des médaillons supportant une galerie à jour.

La partie du chœur est bien supérieure. Les joncs
formant faisceaux se subdivisent en s'élevant, pour
former une immense rosace, brillante de couleur
et de dorure, éclairée par des fenêtres élevées dont
quatre ont conservé, ainsi que celles de la croisée,
les plus beaux vitraux. Ses chapelles, le luxe de son
ornementation, son double escalier tournant, tout
est l'objet d'éloges mérités. — Saint-Jacques ne
saurait trouver de rivale dans ce genre. Pourquoi
faut-il, au milieu de tant de beautés, que son maître-
autel donne lieu à une juste critique? Il n'est, ni
par sa forme ni par ses proportions, digne de figu-

rer au milieu d'un pareil ensemble. On le dirait
oublié dans ce temple revêtu de guipures.

La ville a érigé, en 1842, un monument à la mémoire de Grétry. La statue colossale du grand com-
positeur est placée sur un socle en marbre blanc,
devant le fronton de l'Université, vaste bâtiment
précédé par une fort belle place. Au-delà, on retrouve la Meuse et la vue du pont des Arches, plus
ancien que curieux, qui servait seul à relier la
ville principale à la ville d'outre-Meuse, et sous
une arche duquel passe le quai, beaucoup plus fréquenté. On vient enfin de construire un nouveau
pont, plus en amont, pour doubler les moyens de
communication, et permettre à ceux qui s'y rendent de ne pas revenir par le même chemin.

L'église Saint-Barthélemy, à l'extrémité de la
ville, date des temps les plus reculés. Sauf son
portail moderne qui la dépare, sa construction est
toute romane, et on compte sur la solidité de ses
murs, car ils ne sont l'objet d'aucun entretien.
En revanche, l'église du Rédempteur est moderne
et sa façade très élevée. La fontaine Saint-Jean est
en face, elle supporte la statue en bronze du saint,
mais il n'y coule pas une goutte d'eau.

L'Hôtel-de-Ville, et la place du Marché qui le

précède, ont remplacé l'ancienne cathédrale sous l'invocation de saint Lambert.

J'ignore pourquoi cet Hôtel-de-Ville porte le nom de *la Violette*, si ce n'est à cause de son extrême simplicité. La fontaine qui coule au centre du marché est de mauvais goût; sur un fût très mince, un groupe des trois Grâces supporte un globe surmonté d'une croix. J'aurais préféré les vertus théologales, mais il n'y a pas à s'y méprendre. Celles-ci n'admettraient pas autant de nudités. Tout bien calculé, j'aurais préféré rien du tout; car, en fait de fontaines dans une cité, je m'attends à voir couler l'eau ou à trouver un monument. Ici, je n'ai rencontré ni l'un ni l'autre!

Deux pendants en fer coulé, que l'on place aux extrémités, me semblent destinés à partager le même sort.

Le Palais-de-Justice a remplacé l'ancien évêché sur la place Saint-Lambert. De ce côté, il ne présente qu'une façade prolongée, et ne laisse pas supposer que sa cour intérieure soit aussi curieuse. Son vaste carré est garni de colonnes au-delà desquelles se trouvent des galeries servant de bazar. Ces colonnes, d'un marbre assez commun, sont toutes de formes baroques et variées. Celles des

angles sont à quatre faces. Il s'en trouve 70. Les
arceaux qui les réunissent soutiennent un étage à
fenêtres gothiques. Le surplus est réservé à une
immense toiture, où le jour ne paraît pas avoir
accès. Cet assemblage bizarre est du meilleur effet.
Quel pouvait en être l'emploi? Ce ne devait pas
être un cloître; alors, ce ne pouvait être, comme
aujourd'hui, un marché! j'en ignore l'usage, mais
j'en constate la singularité. Dans le bazar, du
pourtour, je n'ai vu que des pipes. Il est vrai qu'il
doit s'en faire une grande consommation, un Alle-
mand serait bien embarrassé s'il lui fallait choisir
entre sa pipe et sa chemise.

L'église Sainte-Croix, où je suis allé ensuite, est
fort curieuse. La partie du clocher est beaucoup
plus ancienne; elle est toute en brique et rappelle
celle de St-Girion de Cologne; l'intérieur a moins
de mérite.

Après avoir encore gravi par des rues assez en
pente, nous sommes arrivés à l'église St-Martin,
placée au sommet de la haute ville, et qui avait
déjà attiré nos regards du quai de la Sauvinière. Sa
nef est grande, le maître-autel doré est de bon
goût; derrière sont d'anciens vitraux fort intacts;
deux épisodes de la vie du saint, sculptés en

marbre, séparent de la nef le chœur, où l'on parvient
à l'aide de plusieurs marches ; à l'autre extrémité,
la chapelle du Saint-Sacrement est aussi ornée de
médaillons en marbre, finement travaillés.

La terrasse de Belle-Vue, où les guides se croient
obligés de vous conduire et qui n'est qu'une guin-
guette, permet de mieux voir l'ensemble de la
ville, le cours du fleuve, et les montagnes bâties
et boisées qui sont auprès.

J'ai moins compris pourquoi ce même guide a
mis autant d'insistance pour me conduire à l'église
St-Jean, à laquelle je suis fort résolu à ne trouver
aucun mérite.

La rotonde nue qui se trouve en entrant, le
chœur plus nu encore qu'elle précède, ne m'ont
procuré aucune jouissance ; quant au cloître, il est
complètement dégradé et ne m'a pas dédommagé
du reste.

Les églises de Liége contiennent moins de tableaux que celles de la plupart des autres villes ;
mais étant généralement placés à mauvais jour
ou trop peu éclairés, ce ne saurait être l'objet
d'aucun regret.

Les rues sont larges et bien bâties. La partie de
la ville construite sur la montagne et en terrasses

est du meilleur effet ; il semble que ce soit le rendez-vous des plus belles maisons et des jardins les
mieux soignés.

Le commerce y entretient de nombreuses fabriques ; celles de drap et celles d'armes surtout sont
les plus en valeur ; les armuriers rivalisent de zèle
pour rétablir la fâcheuse célébrité des fusils de
Liége, et si l'on voulait être juste, ils auraient dû y
parvenir. J'y ai vu de fort belles armes qui, pour
beaucoup, n'ont d'autre tort que celui d'être bon
marché. Ce tort pourrait bien devenir un mérite par le temps qui court.

Les femmes de Liége ont le droit d'être légères,
sans que personne puisse y trouver à redire.

LETTRE XVI.

Le convoi quitte Liége à l'aide d'une nouvelle
traction, pendant laquelle on voit, à chaque pas, des
villages, des maisons de campagne, des jardins, et
tout le luxe d'une belle nature. On se retourne
pour voir encore, du plateau où l'on est parvenu,
le magnifique tableau dont la ville forme le centre.
Ce sont de véritables adieux, car ensuite on ne

rencontre plus que des plaines sans fin, où l'œil
cherche vainement un obstacle. Mais la locomotive
a pris sa place, et il faut se laisser entraîner.

Je ne vous retiendrai pas long-temps à Tirle-
mont, il n'y a à voir qu'un seul clocher. Le principal souvenir que vais vous redire, consiste dans
la permission accordée aux chanoines de se marier
une fois seulement, mais à la condition de ne pas
révéler à leur femme les secrets du chapitre.

C'était un motif de plus pour que celles-ci vou-
lussent les connaître.

On craignait apparemment qu'ils ne sussent pas
résister à une double épreuve. La première me
semblait déjà douteuse.

La ville de Louvain avait le privilége de voir sacrer
dans ses murs les ducs souverains du Brabant. Son
joli débarcadère est assez éloigné, mais on franchi-
rait volontiers une bien autre distance sur la seule
renommée de son Hôtel-de-Ville. Si je vous le mon-
trais en débutant, je ne pourrais plus vous parler
d'autre chose — à Louvain, — et comme j'ai pour
principe que l'admiration a besoin d'être soutenue
pour pouvoir devenir féconde, je me suis établi en
face, dans l'ancienne maison dite *des Brasseurs*,
transformée en cabaret, et qui a ainsi un double

mérite ; j'ai donc déjeuné en admirant, et ensuite je me suis livré au cicérone obligé.

Ma précaution n'avait pas été inutile.

Maudits soient les itinéraires qui n'indiquent pas assez, tout en étant souvent fort inexacts, et plus maudits encore les guides des localités, qui, pour accroître leur importance et surtout pour faire augmenter leur salaire, vous forcent à faire deux fois plus de chemin pour vous montrer des choses sans intérêt.

La preuve de ce fait était pénible, par le soleil le plus ardent et sur le pavé le plus pointu.

La façade de Saint-Pierre et son portail ne sauraient motiver leur réputation ; d'ailleurs, la rue est si étroite, qu'il faut se tordre pour regarder ses doubles tours, et je ne saurais apprécier que ce qu'il m'est permis de voir à l'aise.

A l'intérieur, le jubé et ses dentelures, les chapelles du pourtour du chœur, une belle statue sur l'autel de la Vierge, une chaire en bois sculpté, mais, par dessus tout, un tabernacle gothique placé à la gauche du maître-autel, m'ont fait un véritable plaisir.

La montagne de César, où se trouvait une forteresse, ne montre plus qu'un point de vue. Dans l'é-

5

glise de Sainte-Gertrude, il ne se trouve qu'un maître-autel riche et des stalles en bois sculpté fort
anciennes, sauf une partie récemment réparée et
d'un beau travail.

L'église Saint-Jacques a aussi un tabernacle, pareil à celui que nous avons vu à Saint-Pierre, et quelques boiseries dans la chapelle de la Vierge; il ne
valait pas la peine de venir aussi loin.

Le Jardin Botanique, qui se trouvait sur mon
chemin, est petit ; ses serres paraîtraient bien te-
nues, si elles renfermaient autre chose que des
plantes fort communes.

Ma course à l'église Saint-Dominique a été encore
une corvée, ainsi que celle aux églises de Saint-Quen-
tin et du Béguinage. Dans la dernière il se trouve
quelques dalles effacées, placées sur des tombes
formant le sol, et, pour me les montrer, une vieille
béguine qui aurait dû depuis long-temps y trouver
sa place.

L'église de Saint-Michel, dans la rue de Namur,
m'a un peu dédommagé ; sa façade est fort ornée
dans le style moderne; elle contient de beaux confessionnaux. Dans la même rue, qui montre en
perspective l'Hôtel-de-Ville où on a hâte de revenir, se trouve le collége du Saint-Esprit, pour les

études théologiques, et la Bibliothèque, bâtiment renaissance que l'on décore d'un fronton parfaitement moderne.

Enfin, voici l'Hôtel-de-Ville. Je me reproche de vous l'avoir tant fait attendre.

Figurez-vous un carré long, ayant dix fenêtres de façade,—sans compter les tours qui sont aux angles,—sur trois rangs de hauteur, surmontés par une balustrade d'où prend naissance la toiture encore plus élevée, et percée par quatre rangées de fenêtres en mansardes formant damier.

Figurez-vous, aux deux côtés, un fronton élevé, surmonté d'une tourelle en forme de minaret, accompagnée par deux tourelles semblables, qui couronnent les tours des angles et se laissent dominer par celle du fronton. Voyez l'entrée principale, précédée par un perron à triples rampes, le tout tellement couvert de sculptures du dernier fini, qu'il est impossible d'apercevoir la moindre place qui soit à nu. L'œil semble passer outre, tant ces ciselures sont légères. On n'aurait pu mettre plus de recherche, plus de fini dans le travail, pour décorer un bijou en miniature. Jugez l'effet qui doit en résulter pour un monument de cette importance !

Décidément, je voudrais le voir mettre sous verre.

C'est encore plus orné que le dôme de Milan,
sans pouvoir y être comparé sous le rapport du
grandiose. L'un est un véritable monument, l'autre
ferait un charmant bijou de poche.

Il suffit de voir à l'intérieur le plafond d'une des
salles.

Vous comprendrez que j'ai bien fait de réserver
cette description. J'étais charmé, après, de retrouver l'embarcadère pour me reposer de trois heures
de fatigues, dont au moins la moitié avait été en
pure perte et justifiait mes imprécations.

LETTRE XVII.

Le pays se modifie favorablement en avançant.
Ce sont toujours de vastes plaines, mais on y voit
des arbres et leur aspect est plus varié.

Malines est une belle ville ; un large canal bordé
d'un double boulevard lui sert de ceinture. Deux
élégants pavillons réunis par une grille marquent
son entrée. D'autres canaux baignant le pied de ses
maisons et dans lesquels les arbres de leurs jardins
viennent tremper leurs branches flexibles, la tra-
versent fréquemment.

L'origine de Malines date de 775 et est la suite de l'assassinat de saint Rombaud, auquel on avait érigé une chapelle, sur l'emplacement de laquelle se trouve aujourd'hui construite la métropole. C'est le siége du seul archevêché de toute la Belgique.

La grande rue qui conduit sur la place est belle. A gauche est la cathédrale, immense édifice gothique, richement orné, et à laquelle une tour gigantesque dans toutes ses proportions sert de portail ; à la cime sont placés quatre cadrans qui montrent l'heure, et le carillon qui sert à les annoncer. Rien n'est aussi richement colossal que cet ensemble.

Les reliques du saint patron se voient sur le maître-autel ; elles semblent gardées par plusieurs monuments funéraires.

Parmi les autres édifices je citerai le bâtiment des halles, situé à l'autre extrémité de la place, qui forme un ensemble curieux, et dont les tourelles ne devaient servir à aucun usage. Le surplus de cette place est entouré par des maisons toutes différentes, mais toutes fort jolies. Non loin, un bâtiment aussi décoré de tourelles, rappelle l'ancien palais des échevins. Les autres églises sont plus ou moins modernes et je les passe sous silence, en ayant encore bien d'autres plus curieuses à vous montrer.

Parmi les nombreuses industries dont la ville est le centre, vous ne me pardonneriez pas d'oublier les dentelles, qui contribuent à sa principale renommée et que votre élégance saura apprécier.

Je crains de me rendre coupable d'un méchant lazzi, en vous disant, pour terminer ce chapitre, que tous ceux nés ici sont *des Malins*, et qu'on les désigne sous le nom de Malinois pour ne donner matière à aucune équivoque.

LETTRE XVIII.

C'est à Malines que se donnent rendez-vous tous les chemins de fer de la Belgique. C'est là, par conséquent, que j'ai changé de direction! Nous allons les parcourir successivement. Ils nous conduiront tous vers quelque point intéressant.

Je dois commencer par Anvers, puisque cette ville se trouve la première sur mon itinéraire; ce serait cependant celle que j'aurais voulu réserver pour la fin, car c'est là où j'ai éprouvé plus de jouissances en tous genres.

Depuis Malines, le pays est toujours plus beau,

toujours plus riche. Le sol est couvert de produits,
et sa fertilité est telle, qu'ils ne font que changer
de nature en se renouvelant plusieurs fois dans
l'année. Aussi, ne s'y trouve-t-il pas de chaumiè-
res ; tous les habitants paraissent dans l'aisance ; la
moindre maison est précédée par une avenue plus
ou moins sinueuse qui contribue au charme du pays.

On parvient à Anvers, de ce côté, par une ligne de
fortifications, formidable et bien entendue, qui lui
assure au moins une longue défense, ainsi qu'elle
a été à même de le prouver à différentes époques.
Sa belle position, sur les bords de l'Escaut, a été
la véritable cause de ses progrès et de son importance. A quoi sert de vouloir leur donner une origine fabuleuse ?

J'aime à constater que ses principaux établissements utiles, ainsi que ses embellissements, sont dus
au séjour de Napoléon, qui, n'étant encore que premier consul, fit construire les quais sur les rives
de l'Escaut, creuser les deux vastes bassins destinés à contenir sa flotte, les relier ensemble par de
larges écluses, et franchir sur des ponts tournants
les canaux qui, dérivés du fleuve, amènent le commerce au centre de la ville. Par ses ordres, ces
quais et le pourtour des bassins furent plantés d'ar-

bres et les fortifications complétées. Son coup d'œil d'aigle embrassait tout!

La place Verte est la seule que j'ai trouvée régulière. Elle doit son nom à la double rangée d'arbres dont elle est entourée. Au centre se trouve la statue en bronze de Rubens, dont Anvers se fait gloire d'être la mère-patrie! Au-delà, la cathédrale et son gigantesque clocher, pour lesquels on a dû se livrer à d'immenses travaux, tant le sol fangeux et d'un épuisement si difficile semblait peu propre à supporter un semblable colosse.

C'est encore le sujet d'un récit populaire, mais il ne saurait augmenter son mérite.

Ce clocher de l'église Notre-Dame devait avoir son pendant de l'autre côté de son portail. Seul il a pu être terminé. Les fonds étaient épuisés; d'ailleurs, il suffisait d'un chef-d'œuvre pour le même monument! Ses étages s'élèvent, en retraite, jusqu'à une hauteur de quatre cent trente pieds, tous percés de fenêtres ogivales, tous également ornés de riches ciselures. Près de sa cime est placé le cadran et le carillon qui porte au loin tous ses sons variés. Le tout est terminé par une croix en rapport avec l'édifice qui lui sert de base, et qui devint l'objet d'un noble dévoûment.

Un des chefs d'une des corporations d'Anvers,
fier de son opulence et plus encore de l'importance qu'il devait à sa maîtrise, refusait la main
de sa fille à celui qu'elle aimait depuis long-temps
et qui en était digne. Il mettait pour condition à
son consentement, que celui-ci aurait aussi une
maîtrise : il aurait cru déroger sans cela ! Ce n'é-
tait pas le talent qui manquait ; mais la somme nécessaire pour en faire les frais, et le travail le plus
assidu, joint à la plus stricte économie, ne pouvaient y suffire.

A ce moment, un orage terrible éclate sur Anvers. Le tonnerre tombe sur la croix et la replie
sur elle-même. Impossible de la laisser ainsi, elle
pouvait entraîner le faîte du clocher ; plus impossible de la descendre ; il fallait la réparer sur
place, et les plus intrépides se refusaient à le tenter.

On fit publier dans la ville qu'une forte récompense serait donnée à celui qui pourrait réussir.
La somme promise était celle fixée pour le prix de
la maîtrise ! Notre jeune homme se présente ; mais
le danger était si grand, que le bourgmestre qui
avait offert la récompense semblait hésiter à la
laisser mériter. De quoi un cœur épris ne se trou-

ve-t-il pas capable, surtout quand il n'en est encore qu'à l'espérance ?

Toute la ville était témoin. Les précautions semblaient bien prises ; parvenir au pied de la croix était la moindre chose ; mais il fallait y monter des réchauds, s'y cramponner, faire chauffer le fer à suffisance et le redresser sans aide !

Chacun observait en silence et semblait partager le danger. La seule qui ne s'y trouvait pas était celle qui en était l'objet !

Enfin, un cri général proclame le succès. La croix avait repris sa place, et l'habile ouvrier n'avait plus qu'à descendre.

Alors la jeune fille, au comble du bonheur, accourt pour voir plus tôt celui qui, par son dévoûment, venait d'acquérir de nouveaux droits à sa tendresse. Ce moment devint funeste. Dans son empressement, il négligea d'éteindre le feu qui brûlait encore dans le réchaud, et lorsqu'en descendant, un faux pas lui eut fait perdre l'équilibre et qu'il pouvait se raccrocher encore à l'aide de la corde à laquelle il était attaché, son poids ramenant cette corde au-dessus du réchaud, elle fut consumée par les charbons ardents, et l'infortuné, précipité d'assise en assise, vint tomber en lambeaux sur le sol !

Le lendemain, la ville entière suivait un double convoi. La malheureuse n'avait pas survécu à son amant qui allait être son époux !

Le portail est beau ; la tour commencée aurait été semblable à celle terminée, et si surprenante, que l'église, toute grandiose qu'elle est, ne paraîtrait qu'un accessoire, si elle ne renfermait un trésor à nul autre pareil : — La Descente de croix de Rubens.

Ce tableau seul vaudrait la peine de faire le voyage ! Il est placé dans la croisée à droite et parfaitement éclairé. C'est, sans nul doute, le chef-d'œuvre de tous les chefs-d'œuvre du grand peintre ! Quel affaissement dans la mort ! quelle douleur dans tout l'ensemble ! quelle céleste résignation dans la tête du Christ. On voit que cette mort précède une résurrection glorieuse ! Il y a de la divinité dans ce cadavre, et cependant le génie de l'artiste a tout produit, tout inventé ! Jamais modèle n'aurait pu prendre une semblable attitude, jamais l'humanité n'aurait pu fournir un tel ensemble de perfections !

Les groupes qui sont aux pieds des larrons sur l'arrière-plan, les saints qui ornent les volets, ne sauraient, malgré leur mérite, attirer le regard, tant

l'admiration est concentrée par la figure du Rédempteur !

On y est demeuré pendant une heure et l'on croit
à peine l'avoir vu !

Sur le maître-autel, d'ailleurs fort riche, est
une Assomption de la Vierge, autre chef-d'œuvre
de Rubens, mais il aurait fallu le voir avant ! L'admiration s'est épuisée devant le précédent tableau !
On voudrait n'avoir plus rien à regarder pour en
mieux conserver le souvenir. Aussi ai-je hâte de
vous dire que j'y suis revenu avant de partir, et
que j'espère y retourner encore !

Les sept nefs de l'église forment un bel ensemble.
Les chapelles ont quelques beaux vitraux; dans le
pourtour du chœur des tombeaux et quelques tableaux; je ne saurais admirer la chaire en bois
sculpté, et surtout les volatiles qui lui servent
d'ornement.

J'ai vu en sortant un petit puits en fer sur une
très petite place : ils ne sont ni l'un ni l'autre
en rapport avec le portail et la tour immense que
je viens de vous montrer. Le puits serait joli partout ailleurs.

LETTRE XIX.

La façade de l'Hôtel-de-Ville est d'assez mauvais goût. Je préfère la cheminée et les ornements de la salle des mariages, curiosités que l'on fait voir, même à ceux qui n'y vont pas à cette intention, pour ne pas trop réduire le nombre des satisfaits. Sur la même place on montre une maison fort simple, qui a, dit-on, servi de demeure à Charles-Quint.

Il devait s'y trouver fort mal logé, sans pour cela paraître trop difficile.

Les rues d'Anvers, ainsi que ce qui y prend le nom de place, semblent mettre de la coquetterie à ne pas suivre la ligne droite; pas même celle qui porte le nom du grand peintre et où se trouvait sa demeure.

J'ai vu les anciennes boucheries, qui ressemblent à une forteresse, ensuite l'église des Dominicains.

Dans la cour par laquelle je suis entré, et adossée contre une partie de l'édifice, se trouve un Calvaire qui produit un singulier effet. Des apôtres entremêlés d'anges et de divers autres personnages de grandeur naturelle, sont rangés comme à la pro-

cession et semblent les gardiens du Calvaire qui
s'élève à l'extrémité. Cet ensemble est curieux,
mais il faut se dispenser d'en examiner les détails.

Les entrepôts des marchandises, situés à l'extrémité du grand bassin, la maison anséatique qui
servait de demeure aux consuls des diverses nations
et qui le sépare du petit bassin, nous ont ramenés
auprès de l'église de Saint-Jacques, où les confessionnaux font partie des soubassements de la nef.

Le jubé qui précède le chœur tend à être riche, mais ne saurait paraître que lourd. — Il
avance, d'ailleurs, beaucoup trop aux dépens de
la nef, et ne laisse plus celle-ci en rapport avec le
surplus de l'édifice. Les chapelles qui forment les
côtés de ce jubé sont revêtues de marbre et ornées
de statues.

Au centre des chapelles qui forment le pourtour
du chœur, se trouve le tombeau de famille de Rubens et la dépouille mortelle du grand peintre.
C'est une distinction bien méritée : le maître y figure sous les insignes de saint Georges, ses femmes et son père s'y retrouvent aussi. Cette chapelle
étant en réparations je n'ai pu y pénétrer.

Quant à saint Charles Borromée, il a, bien inno-
cemment, sans doute, été la cause d'une usurpa-

tion. L'église qui porte son nom appartenait aux
jésuites qui l'avaient fait construire sous l'invocation de saint Ignace de Loyola. A cette époque,
on se bornait à les spolier en détail; de nos jours,
on les expulse de partout en masse, grâces au
principe d'une liberté singulièrement mise en pra-
tique.

La façade est entièrement revêtue en marbre et
peut-être trop surchargée d'ornements. La chapelle du saint rappelle celles d'Italie. En face de
l'autel est un confessionnal artistement sculpté! Les
bas-côtés de la nef sont revêtus de boiseries parmi
lesquelles prennent place d'autres confessionnaux.

La place de Mier sert de marché; elle termine
la rue de Rubens, où se trouvent quatre maisons
ayant appartenu à sa famille et le palais destiné
au roi et qu'il n'habite jamais. Cette place est fort
irrégulière; elle conduit à la Bourse, qui n'a nullement répondu à l'idée que ses dessins m'en
avaient donnés. C'est une cour carrée, entourée de
portiques trop rabaissés et dont les colonnes sont
grêles. — Les galeries supérieures sont aussi trop
écrasées. J'ai regretté ma première impression,
elle eût été plus favorable.

Le Musée renferme de beaux tableaux; plusieurs

sont de Rubens. D'autres galeries, que les collecteurs s'empressent de montrer avec beaucoup de
courtoisie, sont également remarquables. J'ai vainement cherché partout une rivale à la Descente
de Croix.

Après avoir passé devant le théâtre, moderne et
de bon goût, j'ai terminé mes courses par l'église
de Saint-Pierre, son maître-autel, ses belles toiles,
presque toutes à mauvais jour, et sa chaire en bois
sculpté dont le pied représente, de grandeur naturelle, la Pêche miraculeuse, armes parlantes du
patron, et après avoir vu les remparts et les forts
pour lesquels je conserve beaucoup de vénération.
Après avoir, ainsi que je dois vous l'avoir dit, fait
une nouvelle station devant le tableau de l'église
Notre-Dame, je suis venu me reposer, et je crois
devoir, en conscience, vous engager à en faire autant.

LETTRE XX.

On traverse l'Escaut dans sa plus grande lar-
geur pour retrouver, sur l'autre rive, la nouvelle
voie ferrée qui conduit directement à Gand. — Le
trajet à parcourir pour parvenir de ses rives à l'en-

droit où se trouvent les wagons, paraîtrait incommode et long par un temps pluvieux.

Ce convoi traverse pendant assez long-temps les polders étendus qui, inondés en cas d'attaque, servent à la défense de la ville de ce côté. Ce danger n'existant pas pour le moment, j'ai dû me borner à les voir réduits à l'état de marécages.

Le contraste est plus sensible lorsque l'on retrouve, sans transition, les riches campagnes des deux Flandres, toujours plus fertiles, toujours plus riantes à mesure qu'on les parcourt.

L'Escaut sillonne Gand de ses nombreux canaux, tandis que la Lys forme à l'entour une élégante ceinture et poursuit son cours peu rapide par mille contours sinueux en fertilisant la campagne. Les divers canaux dérivés de l'Escaut se réunissent à sa sortie. Non loin se trouve le débarcadère d'Anvers, qui n'est encore qu'à son enfance.

Gand donnait lieu à d'anciens souvenirs. Cette antique capitale de la Flandre devint notre séjour pendant les évènements de 1815, alors que quelques sujets dévoués, ne tenant compte que de leurs serments dont on n'avait pas pris le soin de les délier, vinrent braver les mécomptes de l'exil et les dangers d'une nouvelle émigration, et ne

6

reçurent pour récompense, à leur retour, qu'une amnistie et de cruels déboires.

C'est à cette époque que les destinées du monde auraient été changées, si la bataille de Waterloo ne fût venue, par un revers de fortune, ruiner les armes de Napoléon, triomphantes pendant les deux précédentes journées.

Je crois inutile de vous rappeler que Gand fut le théâtre de nombreux évènements politiques, parmi lesquels les corporations des divers métiers furent appelées à jouer un grand rôle.

Son origine est fort ancienne, et, dès le principe, cette ville obtint de la célébrité. Plus tard, sa bourgeoisie, à deux époques rapprochées, élut pour chefs deux Artevelde, maîtres brasseurs, et résista pendant long-temps aux efforts réunis de la France et de la Bourgogne, qui soutenaient ses légitimes souverains. Depuis, Gand a servi de théâtre à des guerres de religion, d'autant plus funestes qu'elles sont toujours implacables !

L'église Saint-Nicolas est la première dans laquelle je suis entré. Son portail attend une façade. L'élévation de la nef principale fait plus ressortir l'écrasement de ses nefs latérales, la nudité de ses décors, ainsi que ses chapelles étroites et mesquines, et la lourdeur massive du maître-autel.

Je ne vous en aurais rien dit, si, auprès, ne se trouvait la tour du beffroi, qui, malgré sa hauteur, paraît avoir été encore plus élevée. Ses étages inférieurs servent de prison aux malfaiteurs. Sa cime est flanquée de quatre tourelles de forme conique et fort aiguës. La cinquième est au centre. Un énorme dragon y fait l'office de girouette, et provient, dit-on, d'une conquête d'Artevelde sur les Brugeois, qui lui attribuaient une illustre origine compliquée de magie,— comme toujours à cette époque. Au-dessous se trouve le beffroi. Son carillon renommé à juste titre, et l'horloge, servant à faire paraître plus longues encore aux prisonniers, les heures déjà si longues de la captivité. Cette tour est carrée et dépouillée de tout ornement.

Le Palais-de-Justice est récent ; une de ses façades donne sur un canal, l'autre sur une place.

L'église de *Saint-Bavon* est la cathédrale de Gand. Sa façade est presque entièrement occupée par le clocher, prodigieusement élevé; mais les briques, employées exclusivement à sa construction, permettent peu d'ornementation et le font paraître nu à l'œil. La nef est riche, les chapelles ornées et de bon goût, le maître-autel et les mau-

solées placés aux deux côtés, sont en marbre, les
chapelles du pourtour sont bien. La chaire, en bois
richement sculpté, surmonte un groupe en marbre blanc d'une belle expression, ainsi que les figures qui décorent sa rampe.

Cette église, dans son ensemble, rappelle celles
de Venise.

Un globe couleur d'azur et enlacé par un serpent doré, a servi au baptême de Charles-Quint,
et se repose depuis lors!

L'Hôtel-de-Ville se fait autant remarquer par l'in-
correction de son architecture que par la richesse
des ornements, — d'un gothique parfait, — qui
décorent ses deux façades, ainsi que la tourelle
qui forme l'angle de la rue et qui les relie l'une à
l'autre.

La place du marché, dite du Vendredi, ne montre que son étendue. A l'une de ses extrémités
est une maison seulement ancienne; à l'autre, la
Marguerite l'Enragée, — pièce d'un énorme cali-
bre, qui n'a jamais dû faire un bon usage,— placée
sur deux supports en pierre, et qui, dans tous les
cas, a bien dégénéré, si l'on en juge par l'emploi
auquel l'ont condamnée les poissardes du marché.

A l'un des angles d'une autre place, un beau

portail, surmonté par Neptune armé de son tri-
dent et flanqué de deux Tritons, indique l'entrée
de la Poissonnerie. Celle-ci ne répond pas à son en-
seigne : il faudrait s'en tenir à l'étiquette du sac !

A l'angle opposé, l'ancien palais des comtes de
Flandre, où naquit Charles-Quint, a conservé assez
intacte et d'un fort bon effet, sa porte flanquée de
tours et semblable à une citadelle. Il en existe une
autre moins curieuse. Le surplus a été transformé
en demeures fort simples.

Sur une des rives de la principale branche de
l'Escaut, et en face du quai au Blé, on montre une
maison connue sous le nom de *Taverne des Bateliers*, et qui conserve dans toute sa pureté le type
des constructions flamandes à une époque fort reculée. Saint-Nicolas se trouve sur l'autre rive ;
cette église n'a pour elle que son ancienneté.

On montre à Saint-Michel, parmi plusieurs belles toiles, un superbe tableau de Van-Dick, représentant le Christ mourant, et qui a eu le rare privilége, — bien caché qu'il était, — de ne pas avoir
fait le voyage de France, alors que Napoléon tirait
parti de ses conquêtes pour enrichir Paris des mer-
veilles du monde.

Elles sont toutes retournées à leur place après

les invasions de 1814 et de 1815, et leur absence aggrave ces pénibles souvenirs.

Le pendant de ce tableau représente le Miracle de la vraie Croix. La tête de l'impératrice Joséphine remplace celle de sainte Hélène, c'est vous dire qu'il est moderne. Ces deux tableaux sont recouverts ; il faut payer pour les regarder. Parmi les autres, il faut citer un saint François-de-Paule, dû au pinceau de l'Espagnolet.

Le Casino est un charmant établissement, où l'élite de la société de Gand se donne rendez-vous. Son beau jardin semble réuni à la promenade de la Coupure, bordant le canal qui conduit à Bruges, et qui servait à nos passe-temps en 1815, pour nous conduire auprès des beautés justement renommées de cette ville, et qui étaient les objets de notre admiration.

Quand je vous aurai parlé de la place d'Armes, bien plantée, de la salle de spectacle qui est auprès, il ne me restera plus qu'à partir pour Bruges par le chemin de fer, moyen plus prompt que celui que nous devions à la barque du canal.

L'embarcadère, qui relie cette voie à celles de Malines et de Lille, est presque terminé et sera un monument ; il faut une heure pour franchir la distance.

Après avoir traversé la Lys, dont on peut suivre
le cours à perte de vue, on traverse un pays que
l'on ne saurait trop vanter, et entrecoupé de bois
jusqu'à la ville, où l'on arrive par un très beau
débarcadère que l'on retrouve ensuite pour aller à
Ostende.

LETTRE XXI.

J'ai dû, par intérêt, vous laisser reposer avant
de vous parler encore d'antiques monuments et de
belles Églises. J'ai lieu de craindre que leur nombre
nuise à leur effet.

Si vous pouviez les voir, ou si je savais mieux les
décrire, j'aurais moins de scrupules !

Contentez-vous de ce qui est, et laissez-moi
poursuivre, après ce temps d'arrêt.

Bruges, qui n'était anciennement entourée que de
vastes marais ou de bois sauvages, a dû son nom au
pont à l'aide duquel on pouvait y parvenir. L'industrie de ses habitants et les travaux auxquels ils
se sont livrés sans relâche, sont cause de sa prospérité et de la fertilité de son territoire. Plus tard,
elle devint une ville commerçante ; ensuite, hélas !

elle voulut devenir guerrière, et dut éprouver de
nombreuses vicissitudes.

La beauté et le luxe de ses habitants étaient
passés en proverbe dès le xIIIᵉ siècle, et, lors du
mariage de Charles-Quint, qui y fut célébré, l'ordre de la Toison-d'Or y fut institué.

Leurs guerres avec les Gantais ne furent pas leur
moins funeste épisode, et sous la domination française, Bruges devint une des villes les plus impor-
tantes du département de l'Escaut.

Ma tournée a commencé par l'église St-Sauveur,
qui se trouvait placée la première sur mon chemin. La nef est trop courte; en revanche, le chœur
serait trop long, s'il ne renfermait un beau maître-
autel, plusieurs tombeaux, et surtout des stalles
nombreuses portant les insignes des chevaliers de
la Toison-d'Or à diverses époques. L'aspect massif
du jubé qui sépare l'église du chœur, ne se fait de
même tolérer qu'à cause d'une représentation de
Dieu placée au centre, et où l'artiste est parvenu à se
rapprocher de la grandeur de son sujet. On y voit encore une chaire sculptée et de nombreux tableaux.

La place des halles, fort étendue, est occupée, sur
une de ses faces, par le vaste bâtiment gothique
surmonté par le beffroi, tour carrée fort ornée, en-

core plus élevée, et dont le carillon, qui n'emploie pas moins de quarante-sept cloches de toutes dimensions, a le rare avantage de ne se répéter qu'à de très longs intervalles. Cet ensemble, qu'il est au moins permis d'examiner à son point de vue, grâce aux dimensions de la place, laisse une grande impression.

La petite place du Burg montre à gauche le palais occupé par le gouverneur, lourd quoique d'un bon style du temps de XIV ; mais il perd à être placé en face de l'Hôtel-de-Ville, du gothique le plus simple et le plus gracieux en même temps. On va voir à l'étage supérieur, dans une des salles de la Bibliothèque, un plafond gothique fort curieux. J'ai remarqué avant d'y parvenir, et dans la salle qui précède, un portrait en pied de Napoléon prenant possession de la ville de Bruges, et en face, celui de Louis XVIII, qui n'a jamais pris possession de rien. Je ne saurais m'expliquer ce singulier rapprochement.

Le Palais-de-Justice, qui remplit le troisième côté de la place du Burg, n'a de curieux qu'une cheminée en bois sculpté avec des incrustations de bas-reliefs en marbre, qui se trouve dans une partie reculée de ses salles basses.

La chapelle du Saint-Sang occupe le quatrième côté. Elle date de deux époques qui, chacune, ont produit un chef-d'œuvre d'élégance et de goût.

L'église de Notre-Dame renferme le tombeau de Charles-le-Téméraire, apporté de Nancy où il avait fait un long séjour, pour être placé près de sa fille qui l'y avait devancé. Ces monuments, ainsi que quelques tableaux de maître, sont les seules choses que je veuille citer.

Dans l'église Saint-Jacques, un beau tabernacle et des tableaux; sa façade, décorée de tourelles formant les angles, et sa nef, sont grandioses.

Après avoir vu la Loge des bourgeois transformée en Académie, traversé le canal sur un beau pont et revu ces quais où les barques s'arrêtent, j'aurai fini ma description sans oser vous avouer que les femmes de Bruges m'ont semblé bien moins jolies qu'il y a trente-trois ans, ce qui est malheureusement ma faute et non la leur !

Je voudrais vous dire quelque chose d'Ostende, mais je suis forcé de convenir que le chemin de fer traverse un pays qui ne ressemble en rien aux précédents, et que, sauf le panorama de la ville dominé par son phare, et sa jetée, on n'y voit que des dunes et une mer lointaine.

La saison ne permettait pas aux huîtres d'être
bonnes, la politique ne permettait pas aux Anglais d'y aborder, je n'avais qu'à en repartir au
plus vite et je m'y suis conformé sans regrets.

Gardez-moi le secret sur cette mésaventure ,
sans quoi vous n'aurez plus droit à de semblables
aveux.

LETTRE XXII.

Revenu à Gand, où je n'avais plus rien à voir,
pas même mes connaissances de trente-trois ans,
qui, à leur tour, m'auraient trouvé bien vieilli et
auxquelles j'aurais pu adresser le même reproche,
et voulant me dédommager de ma course à Ostende, je me suis arrêté à Courtray, ville fort ancienne, mais qui n'est plus fortifiée ainsi que du
temps des Romains. On voit de sa place principale tout ce qu'il y a de curieux : la façade de
son Hôtel-de-Ville, son beffroi, et le clocher de
Notre-Dame, qui serait beau ailleurs qu'en Flandres. De là, nous irons voir les remparts d'Ypres,
première étape de mon séjour en Belgique, lors
de mon voyage sentimental en 1815, qui nous avait
valu à juste titre le surnom de *Cornichons de Gand,*

et dont nous avions malgré nous constaté l'à-propos!

Ypres vaut la peine de vous être montrée, et
mes souvenirs ne m'avaient pas trompé comme le
résultat de mon premier voyage.

Sa triple enceinte et sa proximité de la frontière
contribuent à son importance. Sa vaste halle, à
portiques, à double rangée de fenêtres ogivales,
son beffroi placé au centre, toujours orné de tourelles, et son incontestable ancienneté; l'église
de Saint-Martin, qui date du xii° siècle, son maître-
autel et ses tombeaux; la tour de Saint-Pierre,
plus vieille encore, et les beaux souvenirs des
temps de gloire et de puissance des Templiers,
concourent à son ornement.

Un embranchement aboutit à Tournay. Je ne
pouvais me dispenser de voir la plus ancienne de
toutes les villes des deux Flandres et de bien d'autres lieux, séjour des rois de notre première race,
et où les émigrés de notre première révolution
avaient planté leurs tentes, pour être plus à portée
de rentrer en France au bout de quelques semaines, ou tout au plus de quelques mois, terme fixé
par eux pour leur exil volontaire. Mon grand-
père avait partagé cette illusion; il y tenait table

ouverte et y dépensait des sommes considérables
qu'il eut à regretter lorsqu'il dut se soumettre à
une complète déception.

La ville est bien bâtie, l'Escaut la parcourt; son
église de Notre-Dame, où Clovis était venu prier
le Dieu qui l'avait fait vaincre et auquel il s'était
converti; l'élévation de sa coupole; la hardiesse
de ses colonnes, qui semblent devoir fléchir sous
le poids qu'elles ont à supporter; l'élégance de son
jubé; l'architecture de son portail, et bien plus
encore la partie opposée qui montre sa rotonde
avancée, ouverte à triple rang, et surmontée d'une
autre rotonde, formant retraite et flanquée par ses
deux tours carrées, composent son principal édifice.

La tour du Beffroi, celle dite de la Grand'-
Garde, ainsi qu'une écluse sur le fleuve, doivent
être l'objet d'une mention favorable.

J'ai dû reprendre, à Gand, le chemin de Malines
pour me rendre à Bruxelles, laissant à ma droite
le château de Lacken, résidence royale où le roi
Léopold séjourne pendant l'été.

La première célébrité de Bruxelles date de l'é-
poque de la translation des reliques de sainte Gudule, vers la fin du x° siècle, en même temps que

les ducs de Brabant y fixèrent leur résidence. Dès lors, elle fut en voie de progrès et de nombreux édifices se succédèrent rapidement.

Devenue chef-lieu du département de la Dyle, rendue à la Hollande en 1815, et voulant redevenir française en 1830, elle devint peu après cette époque la capitale de la Belgique et fut l'apanage du roi Léopold, qui eût préféré demeurer le premier gentilhomme de l'Angleterre.

Ses embellissements n'ont fait que s'accroître, tant sous les précédentes dominations que sous la sienne, et on y travaille encore avec autant de persévérance que de goût.

La Senne coule dans la partie basse de la ville, et y amène de nombreuses barques, employées au commerce et aux besoins de la population.

Les palais, le parc et les édifices modernes, se trouvent sur la hauteur opposée. On y parvient du débarcadère après avoir laissé l'allée Verte, belle promenade qui sert de rendez-vous aux cavaliers et aux voitures, en suivant le boulevart par une montée assez rapide, en laissant à sa gauche le Jardin Botanique, et en prenant la rue Royale, qui longe un des côtés du Parc.

La place Royale est belle et bien bâtie ; elle do-

mine toute la ville et réunit la plupart des meilleurs hôtels. Le Parc est derrière. Ses vastes allées,
bien plantées, séparent le palais du roi de celui de
la Nation, où les deux chambres tiennent leurs
séances. Le premier ne semblerait pas trop vaste
pour loger un riche particulier. Le Parc renferme un assez grand nombre de statues.

Celle du général Beillard se voit dans un renfon-
cement de la rue Royale. Plus loin, en descendant,
la place Saint-Michel, devenue place des Martyrs,
dont le centre est occupé par un monument entouré d'une grille, et surmonté par une statue colossale de la Belgique, consacrée aux mânes de
ceux qui ont combattu en 1830 : ce qui prouve,
en cas de succès, que l'insurrection est le plus saint
des devoirs !

Le palais de la Nation est destiné aux réunions
des assemblées législatives. Ces monarques, par le
fait, sont plus somptueusement logés que le souverain en titre.

L'église de Sainte-Gudule, qui renferme les reliques de sa patronne, est sans contredit le plus beau
monument religieux de Bruxelles. Sa façade principale se compose de deux tours carrées encadrant
un portail élevé. Vue de côté, la toiture du chœur

paraît beaucoup plus élevée que celle de la nef, qui
se relie aux clochers. Le chœur est percé de grandes fenêtres ogivales qui occupent toute sa hauteur, et sont pour la plupart garnies d'anciens vitraux. Ceux plus modernes, à l'aide desquels on a
voulu les compléter, sont, malgré le talent du
peintre, trop faciles à reconnaître.

La chapelle du Saint-Sacrement, dont les vitraux
sont, en revanche, moins authentiques, conserve
les saintes hosties percées à coups de couteau par
des juifs sacriléges, et qui, répandant du sang par
suite d'un miracle, portèrent la terreur dans l'âme
des coupables et provoquèrent leur supplice.

Les sépultures de plusieurs souverains s'y trouvent aussi

Parmi d'autres monuments funèbres : on voit
celui du comte Frédéric de Mérode, qui pouvait être roi s'il avait survécu à ses blessures,
reçues en 1830 après avoir vaillamment combattu
dans les rangs de ses concitoyens.

L'admirable chaire, ainsi que les confessionnaux, ont fixé long-temps notre attention. Rien de
pareil ne nous était encore apparu, tant pour la
forme et la nature des sujets, que pour la rare perfection avec laquelle ils ont été exécutés. Chacun

de ces confessionnaux passerait pour un chef-
d'œuvre inimitable, si la chaire n'était encore plus
surprenante ! Le bois a pris toutes les formes pour
représenter nos premiers pères, punis à cause de
leur premier péché. Les oiseaux qui semblent
attristés de leur faute ; les anges qui supportent le
dais, surmonté du Père éternel, présidant du haut
de sa gloire, aux effets de sa justice qui s'étendent sur nous depuis lors ! les draperies, les arbres, les feuilles et les fleurs — toujours en bois —
qui composent cet admirable ensemble, paraissent
ne pouvoir être sortis de la main des hommes, ou
doivent avoir absorbé la vie entière d'un génie
supérieur.

On doit être distrait en écoutant un sermon
prononcé du haut d'une semblable chaire. On ne
saurait avoir assez de recueillement, assez de
contrition pour ses péchés devant de pareils confessionnaux ; il me paraît impossible de ne pas en
omettre plusieurs.

La religion n'a besoin de pompes que dans son
ensemble et pour ses actes solennels. Quand il s'a-
git de consoler un cœur malade ou repentant, elle
devrait être simple comme la miséricorde à laquelle
on a recours.

Voyez ce qui peut résulter d'une admiration sur-
excitée par la présence de choses saintes ! L'homme
est un composé souvent trop excentrique ; tout est
pour lui sujet de blâme.

Il n'est de parfait ici-bas que les femmes,—quand
elles veulent en prendre la peine !

Je vous laisse y réfléchir, bien assuré que vous
ne me démentirez pas , quand même vous seriez
dans un accès de modestie ou que vous trouveriez
la concession un peu trop étendue.

LETTRE XXIII.

L'hôtel du prince d'Haremberg est un des plus
considérables de Bruxelles. Sa galerie est compo-
sée de beaux tableaux , et s'ils n'ont pas tous le
même mérite , au moins sont-ils tous exempts de
blâme. Le Palais-de-Justice n'a rien de curieux.
L'hôtel de la Monnaie est en face de la salle de
spectacle dans la ville basse. Ce sont deux modernes édifices, qui décorent une belle place et qui
méritent des éloges.

L'église de la Sainte-Chapelle , dont l'ensemble
est d'un bon effet , contient une chaire en bois

sculpté, qui paraîtrait belle si celle de Sainte-
Gudule n'existait pas. Les statues des apôtres
adossées à ses piliers, ainsi que plusieurs mauso-
lées, servent à compléter ses décors intérieurs.

Il ne me reste plus à vous parler, en fait d'églises, à Bruxelles, que de Notre-Dame-des-Victoires,
qui renferme une statue de la Vierge, à laquelle
on attribue plusieurs miracles qui l'ont rendue
l'objet de la plus grande vénération ; et de l'église
des Sablons, où se trouve la double chapelle en
rotonde, revêtue en marbres, qui contient le tombeau des princes de la Tour et Taxis, et la vie de
la sainte Vierge sculptée aussi en marbre ; et, après
avoir fait mention de Sainte-Catherine, à cause
de sa position auprès d'un des grands bassins
formés par la rivière, et aussi, parce qu'elle est
construite sur l'emplacement où fut commis le
sacrilége des hosties conservées à Sainte-Gudule,
je terminerai mes descriptions en fait d'églises,
car vous m'accuseriez de ne savoir parler d'autres
choses, et il ne faut abuser de rien ; pas même
des choses saintes!

L'ensemble de la ville est beau. Dans le centre
se trouvent des rues tortueuses ; il faut monter toujours pour parvenir aux nouveaux quartiers ; mais

on trouve sur son passage beaucoup de magasins bien assortis, des étalages et des hôtels, à l'aide desquels on s'occupe moins des distances.

Je me garderai de vous décrire une fontaine qui se nomme *Mannequin-Pis*, et dont l'orthographe est mal écrite. Je ne saurais comprendre que l'on laisse exposée une semblable obscénité, si ce n'est par la raison que cette fontaine est la seule qui se trouve dans toute cette partie de la ville. On pourrait au moins la décorer autrement!

J'ai voulu finir par la grande place des Brasseurs ou de l'Hôtel-de-Ville, dont celui-ci occupe tout un côté. Cet Hôtel-de-Ville est un chef-d'œuvre de style grandiose et d'élégance. Sa flèche, élancée et découpée à jour, est placée au centre et semble braver les nuages. Ses triples rangs de fenêtres aussi dentelées, ses arcades aussi nombreuses, sa toiture percée de mansardes qui semblent la mettre à jour, ses hautes tourelles crénelées à chaque angle, forment un ensemble incomparable.

Le reste de la place présente aussi de l'intérêt, les corporations de chaque métier y avaient leur demeure décorée de leurs différents insignes. Celles des Bateliers, des Brasseurs et de la Balance se font remarquer entre toutes. Elles ont été reconstruites, mais d'après les plans primitifs, ce qui leur a conservé leur cachet.

La maison dite du Roi, occupe le milieu qui fait face à l'Hôtel-de-Ville.

On comprend que cette vaste enceinte, dont le pourtour était si richement orné, ait servi à des tournois et à des fêtes. On comprend aussi que, lors des dissensions intérieures, elle ait servi de théâtre à diverses luttes sanglantes, et que ce fut le lieu où de terribles exemples ont été infligés aux vaincus.

Chassons ces souvenirs qui nous rejetteraient dans le domaine de l'histoire, — que je ne prétends effleurer que quand je ne saurai m'en dispenser ; — et, n'ayant plus rien à vous montrer à Bruxelles, continuons notre voyage dont j'espère bientôt vous annoncer la fin.

LETTRE XXIV° ET DERNIÈRE.

Le chemin de fer qui se rend à Mons, laisse à sa gauche, à la hauteur de Hal, le champ de bataille de Waterloo, où se sont décidées, en 1815, les destinées du monde. Un monument peu historique en rappelle le souvenir. Je doute qu'il soit de nature à le transmettre à la postérité. Le village de Mont-Saint-Jean, la ferme de la Belle-Alliance, la renommée de ceux qui y ont commandé, le dernier revers de fortune d'un grand homme dont l'étoile avait pâli, et auquel le destin cessait d'être propice, occuperont bien plus de place que la montagne factice qui supporte un lion de fer.

La ville de Nivelle, qui conduit à Charleroi, servirait de preuve, — s'il en était besoin , — que les femmes sont moins fidèles à leurs amants que les chiens ne savent le demeurer à leurs maîtres.

Il était inutile de venir aussi loin ct d'entendre la chronique de *Sire Jean*, pour en être convaincu !

Il faut se hâter de passer à Charleroi pour ne pas être suffoqué par la vapeur des machines employées à l'extraction de ses charbons, ou à faire fonctionner d'innombrables usines. Quant à Namur , tout y est récent. La citadelle, qui commande au cours de deux rivières, la cathédrale et son fronton , l'église des Jésuites et ses sculptures, ses ponts, dont celui sur la Meuse a bien plus d'étendue , sont à peu près de notre époque.

Je n'ai pas même pu y retrouver *ce mur*, sujet

de la chanson que vous savez sans doute , et que,
dans tous les cas, je n'aurais garde de vous écrire,
Seulement, pour rendre à *César* ce qui est à *César*,
on a substitué le roi des Belges au roi de Hollande
qui n'a plus rien *à y voir*. — Si je l'avais su !....
Aussi me suis-je hâté de rétrograder pour reprendre la route directe qui conduit à Mons, en m'arrêtant à Soignies pour y voir Saint-Vincent, que je ne
voulais pas plus maltraiter que ses collègues, et
qui ne m'a montré que des stalles usées dans une
église qui n'est que vieille.

Il me tardait d'entrer à Mons, où les murailles
ne forment plus d'obstacle au chemin de fer, qui
les traverse au moyen d'une large tranchée, sans
nuire à la sécurité de la ville , grâce aux précautions que l'on a su prendre dans ce but.

Je venais admirer Sainte-Waudrue, dont le nom
pouvait être plutôt béatisé que poétisé ; m'inspirer
devant ses ogives, voir ses nefs en voussures, ses
piliers élancés, ses galeries découpées, ses vitraux
anciens, ses autels renommés, et l'ensemble de sa
masse. Rien n'était au-dessus de l'éloge qui m'en
avait été fait !

L'Hôtel-de-Ville est élégant sans pouvoir paraître
grandiose.

Rien n'est curieux comme de traverser pendant la nuit le bassin qui sépare Mons de nos frontières.

La flamme des hauts-fourneaux s'élance de toutes parts, le feu jaillit en étincelle, on dirait un vaste incendie au milieu duquel les populations travaillent et prospèrent.

Ce sont les houillères, dont les produits sont transportés au loin, et qui forment le centre d'une riche industrie.

Enfin, Quiévrain, qui sert de limite aux deux Royaumes, et où les douaniers sont appelés à exercer leur contrôle, qui s'étend sur les contrefaçons et sur les mauvais livres.

Si mes récits obtiennent grâce et qu'ils ne les traitent pas comme des objets de contrebande, j'aurai du bonheur à vous en faire hommage.

Dans le cas contraire, il me restera la satisfaction que j'ai éprouvée en les écrivant à votre intention, sans courir la chance que vous les jugiez trop peu dignes de vous.

FIN.

CÉVENNES ET AUVERGNE.

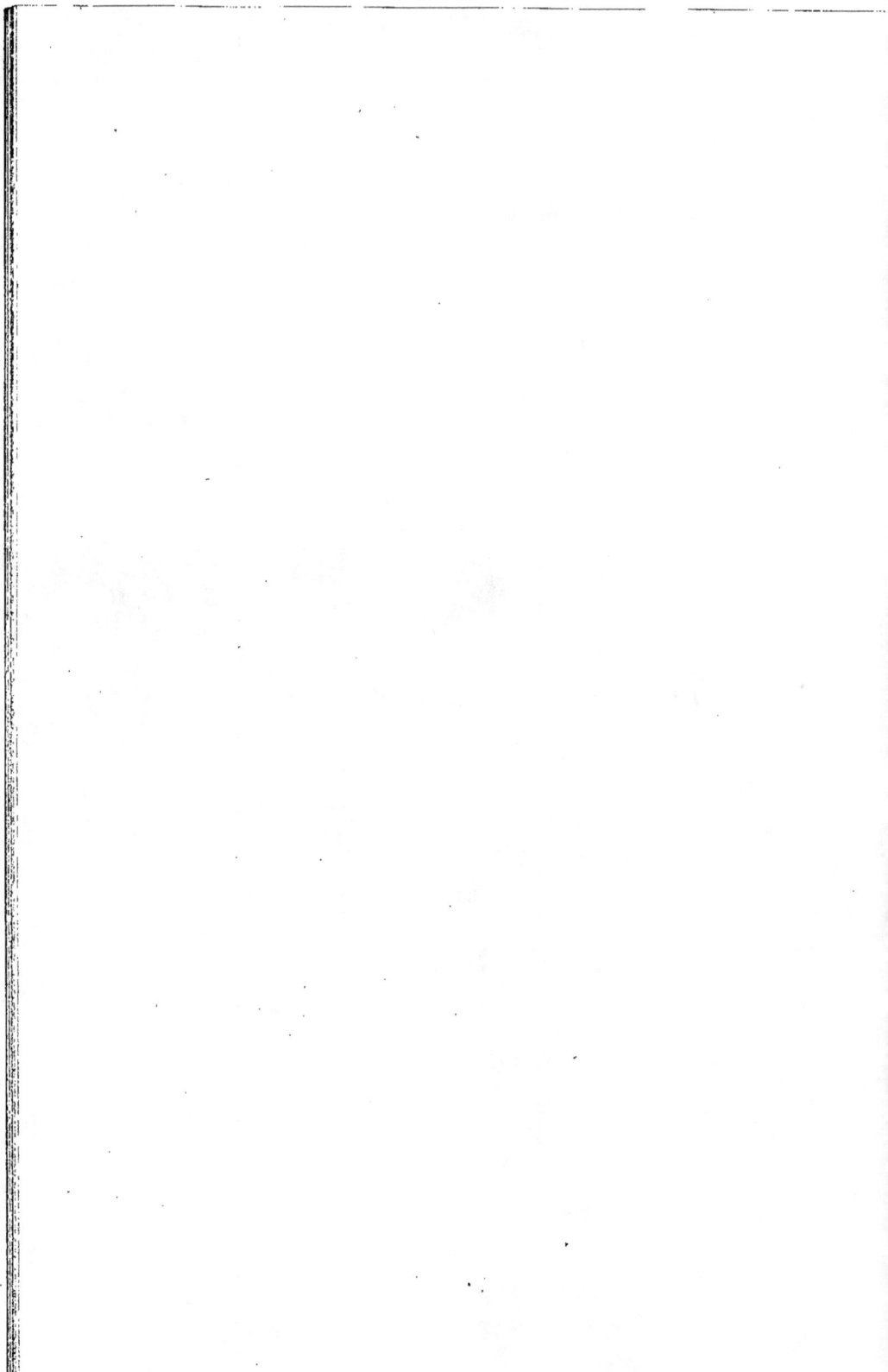

CÉVENNES ET AUVERGNE.

LETTRE PREMIÈRE.

Bientôt, ma chère Marguerite, grâce aux chemins de fer il n'existera plus de distances, mais aussi ne conservera-t-on plus de souvenirs.

Qui saurait se résoudre à subir les lenteurs et les ennuis d'une route ordinaire, quand on pourra s'élancer aussi rapidement que la pensée, et la devancer encore au besoin?

Combien il y a loin, du temps où les dames ne voyageaient que sur leur palefroi ou dans leur litière, et même de celui plus rapproché de nous, où l'on se transportait *en coche* d'un lieu à un autre, s'estimant heureux de franchir, dans sa journée, un espace de quelques lieues à l'aide de fréquents repos ; où l'on partait cependant de bonne heure en se résignant à arriver tard, où l'on employait un mois pour se rendre de Marseille à Paris, où l'on citait quelques rares exemples de gens *qui avaient vu la capitale*, et qui, d'avance, avaient jugé prudent de faire leur testament, comme s'il s'était agi de partir pour l'autre monde.

Il est vrai que nos pères étaient loin de connaître tout ce qui pouvait provenir d'une goutte d'eau mise en ébullition. Il est vrai que ces tubes enflammés, sillonnant l'air d'un ruban de fumée, et traînant à leur suite, sans efforts apparents, par centaines et par milliers, les quintaux et les personnes, les transportant d'un lieu à un autre avec la rapidité de l'éclair, portant la surprise et l'épouvante, soit au milieu des eaux, soit au-dessus des vallées, où d'élégants viaducs les soutiennent en festons, soit, enfin, dans les entrailles de la terre, où la main de l'homme a su leur frayer un passage, ne pouvaient se prévoir !

Et qui sait si ceux qui nous succéderont ne sont pas destinés à enfanter de nouveaux et plus surprenants prodiges? Déjà les moteurs atmosphériques tendent à doubler la vitesse en diminuant le danger, et bientôt peut-être, maîtrisant l'air et parvenant à se diriger parmi les nuages, l'homme abandonnera-t-il ces moyens, comme trop lents et trop vulgaires au gré de ses désirs.

En attendant cet avenir, — plus rapproché peut-être que nous ne semblons le croire, — permettez-moi, ma bien chère amie, de marcher encore *terre à terre*, et de me rappeler mes souvenirs pour vous les faire partager. Mon récit finira peut-être par avoir le mérite de la nouveauté ; s'il pouvait y joindre le don de vous attacher pendant quelques instants, je me trouverais parfaitement satisfait.

Il me semble piquant de raconter un voyage dans un pays à peu près inconnu , quoiqu'étant situé au centre de la France ; de vous mener pas à pas avec moi, voir les rives chantées par Florian, et dont la plupart ignorent la célébrité pastorale ; de vous faire connaître Estelle, de vous parler de Némorin au bruit de ces wagons rapides, dans lesquels on ne saurait se permettre une question, vu que l'objet serait déjà trop éloigné lorsqu'on pourrait obtenir une réponse.

D'ailleurs, l'intérêt ne se porte que sur les choses et sur les lieux qui peuvent fixer notre attention : ceux qui sont fugitifs ont peu le droit de nous séduire !

On ne croit plus à la persistance de l'amour, et cependant, personne n'oserait avouer celui qu'il saurait d'avance ne devoir durer qu'un jour, une heure, quelques secondes.

Il en est de même des localités que l'on parcourt sur les rail-ways; on les franchit, on ne s'en occupe pas.

Il en est presque ainsi de la vie que nous menons. Le tourbillon du grand monde, le besoin de mouvement, l'agitation des soirées, l'habitude de se quitter sans cesse, donnent-ils du charme à notre existence?

Cette vie nomade, qui consiste à quitter le manoir où l'on serait si bien, pour se traîner à des eaux qui n'offrent que du mal-être et des privations; où l'on s'occupe de tout, excepté de sa santé, — qui cependant est la cause ou le prétexte de ces sacrifices; — où l'on s'arrange d'un genre d'existence qui semblerait odieux s'il n'était consacré par la mode; où l'on se trouve dans l'intimité avec des personnes que l'on n'a jamais vues et que l'on se promet d'avance de ne pas reconnaître après; où l'on paie au poids de l'or, même tout ce

qui manque; où l'on expose tout, même sa réputation, qui se trouve à la merci des envieux, des
jaloux, d'un fat désappointé... Tout cela pourrait-il
offrir quelques charmes, si l'on y réfléchissait mû-
rement? Mais réfléchir est une peine, et ce mot
doit être rayé du vocabulaire en usage parmi les
gens du monde.

Gardons-nous de prétendre y rien changer;
voguons avec le torrent, évitons les écueils si la
chose est possible, et, en cas de naufrage, ce ne
sera pas dans une île déserte ! — Bien d'autres se-
ront sur la rive qui nous auront précédés.

Je voudrais, mais je n'ose espérer que ma vieille
expérience pût aider à vous y soustraire.

LETTRE II.

Vous êtes résignée à me lire, ma chère Marguerite.—Vous me le dites gracieusement et je vous en
remercie. — Je rendrai votre dévouement moins
méritoire, si la chose est en mon pouvoir !

Quelques mots en passant sur *Estelle*. Je l'ai
connue, elle avait 73 ans, elle était énorme, ne
quittait plus son fauteuil, et conservait à peine les
restes d'un beau visage.

Quant à l'esprit, les méchants prétendaient que c'était le rêve d'un poète et d'un amant, et qu'elle n'avait rien eu à perdre !

S'il vous souvient de l'Estelle de Florian, vous partagerez mon désappointement !

Tel doit être le type du véritable amour ! Ce n'est pas sans motifs qu'il est reproduit avec un bandeau ! il prête du charme à la laideur, de l'esprit à ceux qui n'en ont pas, et doue l'objet aimé de toutes les perfections. Dès qu'il devient clairvoyant, il cesse d'être ! Vous connaissez l'histoire de cette femme qui, après plusieurs années d'une affection partagée, s'aperçut un jour que l'homme préféré par elle était borgne et boiteux.

—Hélas, lui dit-il, vous ne m'aimez plus ! jusqu'à présent vous ne vous étiez pas doutée de ces infirmités !

Je suis sorti de Nîmes par le côté opposé aux Arènes et tout auprès de la Fontaine. La route est triste et languissante pendant les trois premières heures, jusques au bourg de la *Calmette*. — Après, la vallée s'ouvre sous l'aspect le plus riant. Trois lieues encore et l'on rencontre *Boucairan*, dont les templiers étaient jadis seigneurs, où ils vivaient en souverains, et dont les ruines imposantes té-

moignent encore de leur puissance, et de l'art
qu'ils employaient pour se mettre à l'abri des at-
taques fortuites de leurs ennemis.

Ces bastions et ces fossés, qui les mettaient à
même de se défendre contre des tentatives à force
ouverte, devinrent impuissants contre les menées
de l'envie. Ceux qui n'osaient les attaquer, ceux
qui n'avaient pu les vaincre par la force des armes,
employèrent la calomnie! On sait quel fut leur sort
sous Philippe-le-Bel.

Ce faible monarque crut se soustraire à ses re-
mords en confiant à d'autres le glaive de sa justice,
et en faisant un problème de leur innocence.

La destruction du château de Boucairan date de
cette époque. Peu importait que les templiers ne
fussent pas coupables, ils étaient riches, ils étaient
vaillants, il fallait, avant tout, partager leurs dé-
pouilles et effacer les traces de leur puissance.

C'est un quart de lieue plus loin que l'on passait
le Gardon à l'aide d'un bac. Son lit pierreux se
montrait dans toute sa nudité! Dans son état nor-
mal il n'y manque que de l'eau; mais souvent,
en revanche, devenant furieux, ce torrent dévaste
toute la contrée. Ses eaux, grossissant tout-à-coup
à la suite d'un orage ou lors de la fonte des neiges,

s'avancent comme une haute montagne, et se
répandent en entraînant tout ce qui se rencontre
sur leur passage. Cela s'appelle une *gardonenque*.

Dès que les symptômes précurseurs s'annoncent,
des gens à cheval se relayent de village en village
pour prévenir du désastre. Les troupeaux se reti-
rent en toute hâte. Les champs sont abandonnés,
et souvent encore n'est-il plus temps.

La marche rapide du torrent a déjoué toutes
les prévisions. Ses eaux roulent déjà de nombreuses victimes.

Après le Gardon, *Vésenobres*; trois lieues plus
loin *Alais*.

Deux routes y conduisent ; l'une continue à suivre la rive gauche du Gardon ; l'autre traverse le
torrent et parcourt ensuite la prairie, en montrant
Beau-Rivage, chanté par Florian et idéalisé par lui,
ainsi qu'Estelle, ainsi que chaque site de ces localités.

Cette prairie vient aboutir aux portes d'Alais,
dont elle est le seul agrément.

Ce sont d'antiques châtaigniers, ombrageant une
pelouse trop souvent sablonneuse pour mériter le
nom de prairie, et quant aux bergers dont le poète
a orné ses pastorales, je n'ai trouvé que des pâtres

grossiers, ou de sales villageoises qui ne pouvaient prêter à aucune illusion.

J'avais suivi le torrent ; le temps était affreux ; une pluie battante, les éclairs et le tonnerre, compagnons indispensables des orages dans le midi, les échos répétant les éclats de la foudre, les cimes des rochers brisées à chaque instant, les teintes noirâtres que la pluie répandait sur la croupe des montagnes, les cascades qui se formaient à chaque pas avant de s'élancer dans le Gardon, les arbres déracinés sur leur passage et précipités ensuite avec elles, la nuit s'assombrissant, formaient un imposant spectacle, au milieu de ces déchirements de la nature.

Alais, bâti en amphithéâtre, est la clé des Cévennes, et a joué un grand rôle lors des guerres de religion. Jean Cavalier s'y rendit célèbre, et les Camisards, sous sa conduite, exercèrent de justes et terribles représailles, pour les persécutions et les atrocités dont les religionnaires furent longtemps les paisibles victimes. Ces souvenirs ne s'effaceront jamais dans ces localités, et les questions politiques qui se sont agitées de nos jours, cachent encore de vieilles haines de religion. Faisons des vœux pour qu'elles ne se renouvellent pas, et que

les querelles universitaires et les mesures provo-
quées contre les corporations religieuses, ne donnent pas lieu à de nouvelles persécutions.

LETTRE III.

 Le chemin de fer a pour principal objet le transport des charbons de la Grand'Combe, et des fers
provenant des fonderies et des forges de Tamaris.

Les mines de la Grand'Combe ont une grande
étendue; ce site est sauvage; un système forestier
bien entendu en rendra l'aspect plus varié et le sol
plus productif. Les qualités de ce charbon n'ont
cependant pas réalisé les espérances qui devaient
le mettre à même de soustraire la navigation à la
vapeur au tribut payé à l'Angleterre.

Un chemin de fer spécial y conduit. Le trajet autrement est presque impraticable. Les forges de
Tamaris, traversées par ce même chemin, sont à
trois kilomètres d'Alais. Trois hauts-fourneaux, qui
fonctionnent constamment, vomissent chacun, chaque jour, douze mille kilos de fonte, employés aussitôt dans les ateliers qui en dépendent.

La gueuse à peine refroidie, est transportée dans
de nouveaux fourneaux où elle s'épure en redeve-

nant malléable. Battue à l'aide des martinets que
l'eau fait mouvoir, elle passe sous des laminoirs
où elle se retrait et s'allonge successivement. Les
barres sont ensuite coupées d'égale mesure par
d'horribles cisailles, qui semblent les trancher aussi
facilement que la soie qui passe sous vos ciseaux ;
ensuite, réunies et chauffées de nouveau, elles forment les lopins qui, cylindrés encore, se transfor-
ment en rails qui ont atteint toute leur perfection
et n'ont plus qu'à recevoir leur destination.

Un autre atelier sert à mouler des objets d'arts
variés et utiles ; plus de deux mille ouvriers y travaillent jour et nuit ; ce sont de véritables cyclopes,
et leur existence est un avant-goût du purgatoire
ou de l'enfer.

Le moment de la coulée, où des ruisseaux de feu
s'élancent en frémissant sur le sol et dans les moules
disposés pour les recevoir ; le scintillement des
étoiles, la crasse qui se sépare en forme de lave,
la chaleur qui se répand au loin, produisent un
effet qu'il faut se hâter d'admirer, mais que l'on
ne saurait supporter long-temps.

C'est un échantillon du Vésuve ainsi que vous
l'avez connu, sauf le mérite de l'ascension et les
dangers de la descente.

Le minerai qui s'extrait à Tamaris, produit
42 0/0 et est très abondant.

Ce genre d'industrie n'était pas nouveau pour
moi. J'avais déjà admiré les forges de Moyeuvre et
celles de Hayange, en Lorraine, et j'y avait pui-
sé les premières notions qui m'ont depuis mis à
même de donner un si grand accroissement aux
minières de Villerupt.

Leur perfectionnement précoce était dû aux
soins et à la sollicitude du comte de Wendel.
Rentré en France après l'émigration, il avait trouvé
ses biens vendus, sauf ses forges à peu près aban-
données. Il employa son industrie et le peu de fonds
qu'il rapportait à les remettre en valeur.

Les hauts-fourneaux de l'Angleterre étaient
l'objet d'un récent progrès, mais leurs propriétaires
mettaient le plus grand soin à ne pas faire connaître les nouveaux procédés qu'ils avaient mis en
œuvre.

Le comte de Wendel s'adjoint M. Barruel,
habile chimiste et bon dessinateur. Ils partent pour
Londres, se font passer pour des marchands de
fer, et vont faire des achats considérables dans
les forges dont ils veulent surprendre le secret.

Leurs manières simples ; le peu de curiosité

qu'ils témoignent ; l'extrême ignorance qu'ils affec-
tent, inspirent une telle confiance aux maîtres de ·
ces forges, qu'ils sont les premiers à leur montrer
les procédés qu'ils exploitent avec tant de succès.

Nos voyageurs s'efforcent de ne pas comprendre,
— pour avoir le temps de mieux examiner. — En
rentrant chez eux, l'un dessine ce qu'il a observé,
l'autre prend note de ce qu'il a entendu, et, lorsqu'il ne reste plus rien à voir et à apprendre, ils
reviennent en France, mettre à profit dans leurs
usines des moyens qui, pendant long-temps, devaient leur donner une supériorité incontestable
sur tous leurs concurrents dans l'art de fondre et
de fabriquer le fer et l'acier.

Il en est résulté pour M. de Wendel une fortune
considérable, et d'autant plus honorable qu'il ne
l'a due qu'à ses soins et à son savoir-faire.

Aujourd'hui, ces secrets ne sont plus un mys-
tère !

LETTRE IV.

Revenons à Alais, ma chère Marguerite, et continuons notre route. Ce séjour embrasé ne saurait

vous retenir plus long-temps; il me tarde de parcourir avec vous de riantes vallées et de hautes
montagnes, pour rafraîchir ma vue et pour dilater
mes poumons.

Nous prendrons la route de Portes. Les chemins sont mauvais, le village est affreux, mais les
sites qui l'entourent sont très pittoresques.

Portes est situé sur une des collines élevées des
Cevennes. Son château, jadis fortifié et bien défen-
du, appartenait à la famille des Budorf. Ils le vendi-
rent à la maison de Conti, qui en fit don à Monsieur,
comte de Provence, — plus tard Louis XVIII, —
et il reçut une garnison de 50 hommes.

Dévasté pendant la première révolution, il ne
reste plus que des ruines dentelées, d'un bon effet
pour le paysage.

Les filles de Portes sont jolies et, dit-on, peu
sauvages. Le curé, bon vivant qui nous a ac-
cueillis à notre arrivée, a fait honneur au souper
que nous lui avons offert de partager. Si je ne
craignais de propager une médisance, je pourrais
redire à son sujet l'histoire des tourne-broches, qui
a eu quelques succès dans mes récits joyeux; mais
je m'abstiens, il ne faut pas toujours ajouter foi à
ce que l'on raconte.

Les hameaux qui viennent après sont d'un aspect misérable. Les ressources de leurs habitants consistent dans leurs vers à soie et dans leur récolte de châtaignes. Le sol prête peu à la culture. La saleté de leurs demeures ne saurait être comparée qu'à celle de leur personne et à celle de leurs vêtements.

De Portes à Villefort, où nous devions coucher, il faut presque toujours gravir de fortes rampes ou suivre de longues descentes ; mais on s'en aperçoit peu tant les sites sont pittoresques. Une verte pelouse ombragée par de beaux châtaigniers ; des montagnes boisées jusqu'à une certaine élévation, mais dont les cimes plus élevées sont privées de toute végétation ; de profondes vallées qui les séparent, servent à distraire le voyageur des fatigues de la route et lui donnent, s'il veut moraliser, une image de la vie, qui ne présente que des obstacles à celui qui ne sait pas varier la manière de la parcourir.

De Villefort, dont je ne saurais vous laisser de bons souvenirs, nous allions à Langogne. C'était à peu près la même nature de terrain, cependant les montées étaient plus fréquentes et plus raides. Celle en sortant de la ville et que l'on nomme montée de *Bayard*, mérite d'être citée parmi les autres. Nos équipages portés à dos de mulet; nos hommes à pied couronnant les cimes de la montagne; le surplus du régiment gravissant à cheval les nombreux contours servant à adoucir les croupes à pic sur lesquelles nous nous trouvions; un soleil brillant donnant du reflet à nos armes; les sons de la musique militaire employés à charmer les ennuis de la route, et que les échos répétaient dans le lointain, formaient un ensemble merveilleux.

Toujours des châtaigniers, qui devenaient cependant plus rares, par la raison que l'absence de terre végétale les réduisait à chercher leur substance dans les fissures des rochers; mais plus de trace d'aucune autre végétation.

A une petite lieue du village qui précède cette montée et dans une sombre vallée qu'elle domine, on aperçoit la tour du Roure, seul vestige de l'antique manoir du Roure et berceau du pape Urbain VI — dont la chronique scandaleuse raconte tant de choses et ne dit pas encore tout! — Une tour carrée nouvellement bâtie à peu de distance de l'autre, blesse l'œil et trouble la méditation.

Une lieue plus loin, la route laisse à droite le château de ***, appartenant au roi Henry quatrième, fortifié et habité par lui pendant trois mois de sa jeunesse, — s'il faut en croire la chronique de la localité,— mais dont on ne trouve ailleurs aucune trace. Le fait *vrai* est qu'il fut fortifié par ses ordres et qu'il devint une position très formidable. Abandonné depuis, une partie des pierres du château du bon roi a été employée à édifier un hameau, qui sert de refuge aux pauvres montagnards.

Après la montée de Bayard, la végétation devenait à chaque instant plus rare, les châtaigniers eux-mêmes nous abandonnaient, et nous continuions à gravir sous une pénible impression, qu'un vent glacial ne pouvait qu'augmenter encore.

Nous n'apercevions plus, de distance en distance, que les poteaux noircis, destinés à servir de guides aux rares voyageurs qui parcourent ces stériles contrées pendant l'hiver, et qui, sans ce secours parfois insuffisant, courraient le risque d'être ensevelis dans les neiges au lieu de parvenir à leur destination. Peu ou même point d'habitations, et les pâtres que nous ne rencontrions qu'à de rares intervalles conduisant leurs brebis affamées, semblaient, par leur aspect, accuser le sort d'injustice à leur égard.

Après une étape de neuf lieues et sept heures

de marche pour la parcourir, nous sommes enfin
arrivés à Langogne : les sources de l'Allier, que nous
avons côtoyées avant d'y parvenir, nous ont offert
quelques sites, mais ce n'était pas assez pour nous
dédommager du froid et de l'ennui que nous avions
enduré jusque-là.

Langogne, bâti sur le penchant d'une montagne,
et présentant un amphithéâtre peu agréable à l'œil,
contient près de trois mille habitants. Les femmes y
sont généralement laides, sales et peu prévenantes.
Les hommes y paraissent grossiers et misérables.

Quelques bonnes et anciennes familles se réunissent pendant l'hiver à Langogne, et passent le
reste de l'année dans des châteaux agréables qui se
trouvent sur la route de Mendes. Les Morangiés,
les Landos sont de ce nombre. Ces dames ont bien
voulu réclamer une parenté dont je n'avais aucune
connaissance.

Les diverses révolutions ont rompu tant de liens
de famille, qu'il est simple de ne plus rechercher
de simples traditions.

Les tendances politiques y ont d'abord contri-
bué, l'égoïsme et la confusion des classes ont fait
le reste! Ces anciens souvenirs m'ont valu une
gracieuse hospitalité et un fort agréable accueil.

Mes cousines semblaient fort aises de montrer *leur cousin* à la tête d'un fort beau régiment. C'était là, sans nul doute, mon principal mérite à leurs yeux.

Je ne prétends, vous le voyez, à aucune illusion.

Nous avions à faire, le lendemain, neuf lieues et demie pour arriver au Puy. Nous devions traverser Pradel, qui passe pour la ville de France la plus rapprochée du firmament, et nous comptions sur un beau point de vue pour nous dédommager de l'ascension à laquelle nous devions nous attendre. Arrivés sur le plateau, un épais brouillard nous empêchait de voir les oreilles de nos chevaux, et un givre glacial rendait le secours de nos manteaux indispensable. Je suis donc réduit à vous parler par *ouï dire* de l'admirable coup d'œil dont j'aurais aimé à vous faire apprécier l'étendue.

LETTRE V.

Nous méritions un dédommagement et le soleil s'en est chargé. A trois lieues du Puy, le ciel s'est découvert, l'horizon le plus étendu, de belles gorges de montagnes, de riantes vallées, des sites

en échange des prières qu'il leur promettait.

Il se trouvait bien placé pour les faire parvenir plus tôt à leur destination.

Nous nous sommes raconté, en riant, l'histoire de cette dame qui voulait à tout prix rapporter de Rome des reliques de saint Michel *Archange*, et qui ne pouvait se rendre compte de la cause première de sa déception.

Une chapelle construite au pied du pic, et dédiée à sainte Claire, passe à tort pour avoir été un temple de Diane; rien, dans sa construction, ne paraît justifier cette antique origine.

L'église de Notre-Dame, qui domine la ville, et à laquelle on parvient par des marches nombreuses, est belle par son ensemble et curieuse par ses détails. Construite dans le viiie siècle, Charlemagne et Robert II la prirent pour but de leur dévotion, saint Louis et Jacques d'Arragon s'y trouvèrent réunis, Charles VII voulut y figurer en qualité de chanoine, et Louis XI refusa les honneurs royaux pour y entrer en simple pèlerin.

On nous a conduit ensuite auprès d'une ancienne porte de la ville où se tient un marché, et devant plusieurs maisons curieuses par leur ancienneté.

agréables se succédaient rapidement en nous laissant apercevoir, à notre droite, les sources de la
Loire, auxquelles le département doit son nom.

La ville du Puy se découvre de fort loin, bâtie
en amphithéâtre sur une montagne assez élevée, et
précédée de ce côté par une pelouse ornée d'un
nombre infini de maisons de plaisance.

Des édifices d'un genre baroque, donnent à
l'ensemble de la ville un air d'originalité. Les femmes nous y ont paru généralement bien.

Sur un rocher taillé en pain de sucre, et à plus
de 200 pieds de sa base, se trouve la chapelle de
Saint-Michel; une fois par an, la dévotion des fidèles
les porte à entendre la messe qui y est célébrée en
grande pompe en l'honneur de l'Archange! Il faut
gravir 300 marches taillées en rampes dans le roc ;
la voûte est soutenue par dix colonnes réservées sur
l'espace destiné à l'église, et on se trouve dédommagé de la peine que l'on s'est donnée pour y parvenir. Sa première pierre fut posée en 962, son
portail était recouvert de mosaïques ; une simple
cellule suffisait à peine à celui auquel la garde en
était confiée, et sauf une citerne, il était forcé de
descendre et de remonter sans cesse pour se procurer ce que la dévotion des fidèles lui octroyait

Au-delà de la ville, et sur la route de Clermont,
nous avons laissé à notre droite une forteresse dé-
mantelée, bâtie aussi sur un rocher, et que l'on
considérait comme imprenable. Elle communiquait
avec la ville par de vastes souterrains creusés sous
la montagne, et on y conserve encore une *bouche
d'Apollon* qui passait pour avoir le don de prophé-
tiser, — qu'elle a probablement perdu depuis les
progrès de la civilisation. — Sur la gauche,
se trouve l'antique manoir des Polignac, qui a
fourni quelques beaux sites aux crayons des auteurs de la *France pittoresque.*

Fix, sale hameau qui devait nous servir de gîte
le lendemain, est à six lieues *d'Auvergne* du Puy.
Tous les habitants se font gloire d'avoir la gale, et
certes ils en ont tous bien l'air ; rien de plus dégoû-
tant que leurs personnes si ce n'est leurs demeures, où ils sont pêle-mêle avec leurs pourceaux
et leurs volailles.

Le maire de l'endroit, médecin par état, avait
voulu me loger chez lui par courtoisie. Je me dé-
fendais d'un tel honneur, préférant être libre que
d'avoir à répondre, par des frais de politesse, aux
bienfaits de l'hospitalité ; il coupa court à mes
scrupules en m'affirmant que sa maison était *la*

seule dans le pays où l'on fût à l'abri de la contagion.

Je m'accuse d'avoir eu l'impertinence ou la naïveté de lui demander s'il était bien certain du fait qu'il avançait.

Une belle soirée me permit d'ordonner un bivouac au milieu de la plaine, et grâce à cette précaution, nous en fûmes tous quittes pour la peur; quelques cruches de vin dédommagèrent mes hommes de ce léger mécompte.

Le jour suivant, nous fîmes halte au pied d'un château appartenant à M. Georges de Lafayette; ses créneaux et ses tourelles contrastaient avec les idées avancées, qu'il devait peut-être plus à son nom qu'à ses convictions, et qu'il propageait pour se rendre cher aux habitants de la Haute-Loire, qui se disposaient, en revanche, à l'envoyer siéger à la chambre pour y servir d'interprète à leur parfait libéralisme.

Vieille-Brioude est bâtie aux bords de l'Allier; son pont, composé d'une seule arche, ayant à sa base 65 mètres sur 28 de hauteur, est surprenant par sa hardiesse. C'est à tort, je crois, qu'on le prétend d'origine romaine; sa date réelle ne dépasse pas le 13e siècle. Depuis notre passage, un ingénieur malencontreux, ayant voulu suppléer à sa voie trop

9

étroite, n'a fait qu'accélérer sa ruine et donner lieu
à des regrets.

La ville de Brioude est à peu de distance; ses
chartes vous apprennent son antiquité. En 532, elle
était devenue la proie des barbares, qui égorgèrent
ses habitants pour les punir de leur résistance. Depuis, et à diverses époques, elle fut l'objet de plusieurs collisions. On cite parmi les plus funestes l'in-
vasion des premiers Normands; et, plus tard, celles
des Malandrins, des Brabançons et des routiers, qui
y portèrent successivement le pillage et l'incendie.

Brioude contient environ 8,000 habitants; une
société gastronomique a profité de notre passage
pour nous faire apprécier les talents du cuisinier
de Grimaud de la Reynière, retiré dans ses foyers
après la mort de ce grand homme, et qui nous a
semblé n'avoir en rien dégénéré.

Le sol des environs est riche et bien cultivé, les
villages sont rapprochés; nous retrouvions avec
plaisir la civilisation et ses progrès, que nous avions,
hélas! perdue de vue depuis bien des jours.

Auprès du village de Lempde, un beau pont, sur
lequel nous avons traversé le torrent d'Alagnan, sert
de limite au département de la Haute-Loire, et
celui du Puy-de-Dôme commence.

La montagne dont il a pris le nom se voit, en sortant de Brioude, dominant de sa cime tronquée toutes celles qui semblent lui servir de cortége, et qu'elle tient à ses pieds comme une reine des temps passés.

Non loin de la route, et sur la montagne d'Usson, était le château du même nom, où la reine Margot passa vingt ans à peu près prisonnière. Elle put employer ses loisirs à célébrer en vers ses anciennes amours, sans préjudice, dit-on, de celles qu'une constante habitude lui rendaient nécessaires, et qui, pour s'exercer sur un moins brillant théâtre, n'en étaient pas moins variées.

La ville d'Issoire est placée au centre d'une plaine étendue et couverte d'habitations, qui lui donnent beaucoup de charme. La rivière de Cousse, séparée en trois bras, sert à la fertiliser autant qu'à l'embellir.

Jules César y établit son camp lors de son passage en Espagne. Les quatre montagnes qui sont auprès conservent le nom de *Fanaux d'Issoire*, qu'il leur avait donné à cause des postes d'observation qu'il y avait placés pour surveiller les machines de guerre auxquelles la ville servait de dépôt : des ponts sur la rivière servent encore à consacrer ces souvenirs.

Long-temps après, la ville d'Issoire fut dévastée par les Vandales, et en 1540, la majeure partie de ses habitants se firent luthériens, après un singu- lier combat entre un réformateur et son antago- niste; ne trouvant pas leur parole assez efficace, ils en vinrent aux coups dans l'église, en se je- tant à la tête tout ce qu'ils purent trouver sous leurs mains.

Il paraît que les arguments du moine jacobin furent les moins bons, car il dut prendre la fuite et le sectateur de Luther demeura triomphant.

Quelques années après, et à la suite d'une émeute, la mère de la charmante Gabrielle, — madame d'Estrées, — y fut assassinée en même temps que Meillaud d'Allègre, son amant, qui en était le gouverneur.

Il ne reste plus à voir à Issoire qu'une église et beaucoup de jolies femmes : des cratères de vol- cans éteints depuis long-temps s'aperçoivent de place en place; les eaux du Mont-d'Or, quoique assez éloignées, leur doivent probablement leur température et leur efficacité. L'espoir d'une gué- rison et quelques jolies promenades sont les seuls agréments que l'on y trouve !

Avant d'arriver à Clermont, commence la Li-

magne, nommée la Riche à juste titre, et qui
semble servir de parc à la capitale de l'Auvergne et
à la ville de Mont-Ferrand, — devenue son faubourg, à la condition d'unir ses deux noms.

La ville de Clermont date des temps les plus reculés. Les Romains y laissèrent les monuments de
leur puissance et de leur génie, dont les barbares
commencèrent la ruine, qui fut complétée plus
tard sous le roi Clovis, alors qu'il voulut en expul-
ser les Visigoths qui avaient remplacé les Vandales,
et à la suite d'une commune domination exercée
pendant près de deux cent cinquante années.

On citait, entre autres, un temple dédié à Mer-
cure, et la statue colossale de ce dieu, qui avait exi-
gé dix années de travail, et pour laquelle on avait
payé cinq millions de notre monnaie, somme énorme à cette époque, qui était celle du commence-
ment de l'ère chrétienne. Tout ce qui avait pu résister à ces diverses invasions, fut réduit en cendres
dans le xe siècle à la suite d'un affreux incendie.
Il n'en reste plus que des souvenirs historiques.

Les principaux monuments modernes que l'on
admire aujourd'hui, sont, la cathédrale, dont la
voûte extrêmement élevée est supportée par des
colonnes en granit et du style gothique. Son plan

primitif a été modifié à défaut d'argent pour y satisfaire ; et des mutilations, récemment exercées
sous le prétexte de perfectionnements, laissent encore de plus grands regrets.

L'église de Notre-Dame-du-Port, moins ancienne,
est cependant plus remarquable. Sa solidité ayant
mis obstacle à son entière destruction, il n'y
eut plus qu'à la restaurer, et elle conserve son
charme primitif et de précieux détails. En outre
d'une Vierge noire fort en renom dans la contrée
par suite de ses nombreux miracles, on montre
encore les corps de saint Sigon et de saint Avit,
auxquels une chapelle spéciale a été consacrée.

La ville de Clermont est vaste et bien située.
Une belle fontaine, qui date du xvie siècle, sert de
principal ornement à la place des Jacobins, plus
récemment débaptisée pour prendre le nom de
place Delille, en faveur du charmant chantre des
Jardins et du traducteur élégant de Virgile, que
l'Auvergne compte avec gloire au nombre de ses
enfants!

LETTRE VI.

Je voudrais vainement vous éviter une course

inutile. Je dois au moins vous prémunir contre un désappointement.

A quelques pas d'une des portes de la ville, et dans le faubourg de Sainte-Alyre, se trouve une source qui recouvre d'une teinte jaunâtre tout ce qu'elle rencontre sur son passage.

On l'appelle la fontaine des *Pétrifications* : je me suis permis de la nommer la fontaine des *Mystifications !*

Recueillie et dirigée sur une caisse disjointe, elle tombe goutte à goutte sur les objets que l'on place au-dessous. Ce sont des nids d'oiseaux, des chardons et même des quadrupèdes.

Les parties calcaires et ferrugineuses contenues dans cette eau les recouvrent à la longue, et ceux-ci, rangés parmi les curiosités, forment une branche de commerce et vont au loin faire des dupes.

Le squelette d'un cheval travaillait depuis six mois à devenir pierre, et il lui fallait six mois encore pour y parvenir. Un chien peut être transformé en six semaines. Nous fûmes *pétrifiés* au seul aspect de cette prétendue merveille, en faveur de laquelle notre course et notre argent avaient été si mal employés.

Quant à Mont-Ferrand, devenu, ainsi que je vous

l'ai dit, une annexe de Clermont après avoir été
le plus puissant rempart de toute la contrée, il ne
reste de sa gloire que quelques souvenirs à peine
conservés ; ses hautes murailles ont disparu, ses
larges fossés produisent des salades, et rien ne
donne plus l'idée de son antique splendeur.

Il semble que le sort se fasse un jeu de porter
l'abaissement là où la gloire avait placé son théâtre.

Les preuves en fourmillent en tous temps, en
tous lieux.

Riom se trouve à trois lieues de Clermont, et
au centre de la plus riche partie de la Limagne.
C'est, sous le rapport de la population et de l'agrément, la seconde ville du département.

Cette ancienne bourgade romaine, devenue
sous le roi Jean le chef-lieu du duché d'Auvergne,
a éprouvé depuis lors de fréquentes vicissitudes.

La riche abbaye de Saint-Amable, célèbre par
les miracles féconds attribués à son patron, a dû
subir bien des transformations. Devenue palais
ducal, une sainte chapelle qui formait une de
ses dépendances est le seul vestige que l'on y retrouve.

Une fatale exécution allait avoir lieu au moment
de notre passage ; un frère avait, à plusieurs repri-

ses, tenté de tuer son frère, sans que rien pût justifier la haine qu'il lui portait. Ce monstre, à peine âgé de 22 ans et déjà consommé dans le crime, avait un beau visage; il niait avec persistance une dernière tentative qui avait eu de nombreux témoins, protestait de son innocence, demandait à embrasser une dernière fois sa victime pour tenter de l'étrangler de ses mains, et en appelait à la justice de Dieu, tandis que celle des hommes allait à peine être satisfaite !

Le peuple, pour lequel tout est spectacle, et qui s'était porté en foule vers le lieu de l'exécution, accourait sur notre passage attiré par nos fanfares, — que nous eussions fait taire si cette triste coïncidence nous avait été connue, — confondant ainsi, dans ses jouissances, les sons bruyants de nos instruments et l'éclat de nos uniformes avec l'aspect d'un échafaud et les accents de la douleur !

Nous allions coucher à Aigueperse. La ville et les 5 ou 6,000 habitants qu'elle renferme ne nous ont paru dignes d'attention, et sans aucun regret nous sommes repartis le lendemain pour Saint-Pourçain.

Nous avions quitté la Limagne; un sol moins productif, des montagnes moins boisées, des habitations

plus rares et moins riches, et l'absence des belles
avenues de noyers qui bordaient la route les jours
précédents, ne pouvaient nous laisser aucun doute.

Je ne saurais vous parler de notre étape, j'ai
hâte de vous faire arriver à Moulins. Une belle
avenue de peupliers bordait la route ; à gauche, et
tout auprès, se trouve la demeure de la baronne de
B..., qui avait quitté son manoir pour nous montrer son charmant visage de plus près, et que nous
devions retrouver le soir, avec un nouveau plaisir,
au bal que le colonel C... donnait en notre honneur, et dont elle devait être la reine !

Moulins, où l'on arrive en traversant l'Allier sur
un beau pont, après avoir laissé sur l'autre rive le
quartier de cavalerie, est une fort jolie ville et une
très agréable garnison. Sa société y est vantée à
juste titre ; ses habitants sont riches et ont pour la
plupart le bon goût d'y dépenser leur fortune en
s'en faisant honneur, au lieu de venir se confondre
dans le tourbillon de Paris.

Nous ne reprendrons quelque influence en
France qu'en imitant ce bon exemple.

Je passerai sous silence les localités qui se succè-
dent jusqu'à Nevers, où nous allions nous établir ;
c'était déjà beaucoup que d'avoir eu à les traverser.

Un beau pont sur la Loire, au-dessus duquel ce fleuve reçoit la Nièvre en attendant que l'Allier le rejoigne à peu de distance ; une cathédrale renommée, la célébrité des comtes de Nevers rapportée dans l'histoire, et le couvent des Visitandines illustré par *Ververt*, sont les seules choses dont je puisse vous parler.

La ville, mal bâtie, mal percée, mal pavée, la société la plus sauvage, rendent Nevers un fort triste séjour. S'il ne se trouvait sur une des grandes routes qui conduisent à Paris, on éviterait avec empressement de faire sa connaissance. Heureusement la voie ferrée, passant par Bourges, permettra de s'en dispenser à ceux qui n'y auront pas à faire. Quant à nous, c'était différent, nous devions y tenir garnison ; il fallait nous y résigner.

Je vous laisse à penser si ce dut être de bonne grâce, d'après le tableau que je viens de vous en faire.

Mais la plainte ne nous eût servi à rien.

LETTRE VII.

Une autre route part de Clermont et se dirige sur Moulins, en passant par Thiers, — où elle rencontre la route directe de Lyon à Bordeaux, — et par Vichy. Je ne saurais la passer sous silence.

La ville de Thiers est, dit-on, ainsi nommée, par la raison que de quelque côté qu'on la regarde on ne saurait en apercevoir davantage. Elle occupe une montagne conique ; il faut gravir pour y parvenir ; mais aussi est-on dédommagé après y être parvenu.

Une des vues les plus remarquables est sans contredit celle que l'on découvre de sa terrasse, et qui montre à l'œil nu la ville de Clermont à l'extrémité de la riche Limagne, couronnée par le Mont-d'Or, auquel le Puy-de-Dôme semble montrer le chemin des nuages parmi lesquels son front se perd majestueusement.

La ville de Thiers est riche par son industrie ; ses fabriques de coutellerie à bon marché sont, entr'autres choses, l'objet d'un commerce fort étendu.

La Durale, qui coule au bas, prête ses eaux à diverses manufactures se succédant en amphithéâtre, et qui les rendent en cascades après les avoir vues jaillir en écume sur les roues qu'elles ont fait mouvoir.

On nous a montré, sur la place du Marché, une maison bien conservée, qui date, assure-t-on, du IXe siècle ; sans garantir cette origine et même en la croyant moins reculée, nous avons admiré ses sculptures et sa parfaite conservation.

Le bois dont elle se compose, a résisté mieux que n'eût fait la pierre la plus dure aux ravages du temps et à l'intempérie des saisons. Il en existe plusieurs autres, mais qui ne sauraient lui être comparées.

Le pont de Lechat montre cinq chutes sous la forme de cascatelles et du meilleur effet, toutes fournies par la Durale, dont la source surgit du pied de la montagne de l'Ermitage, et d'où sortent aussi les eaux du Lignon qui s'écoulent du côté opposé.

Ces bords du Lignon ont servi de cadre au poème d'*Astrée*, oublié de nos jours. La Durale, bien plus utile, féconde l'industrie de toute la contrée. Plus loin, en remontant, ses chutes se renouvellent, et une jolie promenade montre ses bords devenus plus sauvages, et, peut-être, encore plus pittoresques.

Une bande d'artistes s'y trouvait depuis plusieurs semaines, et chaque jour de nouveaux sites servaient de sujet à de nouveaux tableaux.

Après plusieurs heures agréablement employées à parcourir ces environs, nous sommes venus au château de Randan, qui partage la distance entre Thiers et Vichy et qui mérite une mention.

Acquis depuis quelques années seulement, par Mme Adélaïde à la famille de Praslin, ce château serait une charmante résidence pour un simple particulier, mais il ne saurait avoir les proportions d'une habitation quasi-royale. La princesse ne se doutait pas encore, — malgré tout son désir, — que les futures destinées de sa maison dussent être aussi prochaines !

Louis-Philippe, pendant ses loisirs, est venu déployer à Randan ses talents comme architecte ; mais ce luxe de cuisine, ces salles de festin, ne sont pas en rapport avec le reste du château.

Une tour supprimée a fait place à une terrasse qui conduit à la chapelle en recouvrant tous les communs, aussi vastes que bien entendus.

Cette chapelle est ornée par un tableau de Raphaël, et contient un confessionnal qui a dû recevoir de bien grandes révélations, si la politique ne met obstacle aux épanchements de l'âme dans le sein de la religion !

Une vue étendue, un parc bien tenu mais où l'eau manque complètement, une ferme-modèle, des serres grandioses, des bois bien aménagés, tel est Randan, destiné au prince de Joinville, qui y trouvera un revenu augmenté chaque année par

une prévoyante administration et par des amélio-
rations bien entendues, malgré les tendances par-
cimonieuses de la princesse Adélaïde.

Ce séjour est une des promenades préférées par
les baigneurs de Vichy, qui n'ont pas beaucoup à
choisir dans ce genre, puisque le château d'Effiat,
ancienne résidence de Cinq-Mars, de ce *Monsieur Le
Grand*, qui paya de sa tête la faveur de Louis XIII
et la jalousie qu'il avait inspirée à Richelieu, est le
seul qui puisse lui faire concurrence, — et encore
n'y reste-t-il que d'anciennes solives et quelques
tentures fort usées qui n'ont que le mérite des
souvenirs !

Après avoir traversé la forêt, on aperçoit à
droite le château de Busset, perché sur une hauteur
et séjour d'excellents hôtes ; ensuite, on traverse
l'Allier souvent à sec, et qui, dans cette saison surtout, pourrait faire paraître superflu le pont suspendu dont on l'a décoré.

Vichy est au centre d'une vallée. La vieille ville
conserve quelques restes de monuments romains ;
une porte et quelques murs sont les plus considérables.

Une belle promenade précède un vaste établissement récemment embelli ; c'est là que se trou-

vent les principaux bains et la source de la Grande-
Grille, dont les eaux peuvent seules supporter le
transport. Autour sont réunis les principaux
hôtels, dont les propriétaires rivalisent pour s'enrichir aux dépens de leurs pratiques;

À l'autre extrémité, se trouve placée la source de
l'Hôpital, qui surgit au centre d'un vaste bassin rem-
pli de mousse, et qui paraît beaucoup plus agréable à
boire qu'à regarder. Là, se trouvent aussi quelques
baignoires. Ces deux sources sont à peu près chaudes.

Celle des Célestins, située aux bords de l'Allier,
est en revanche complètement froide. Elle est
dévolue aux goutteux, qui doivent y guérir ou
en mourir, suivant qu'ils ont foi à l'un ou à l'autre
des docteurs qui dirigent cet établissement : — Si
vous buvez cette eau, proclame avec esprit le docteur P., vous ne sauriez manquer de succomber
avant la fin de l'an. — N'en buvez pas, affirme le
docteur P. avec une robuste conviction, et vous
succomberez bientôt à vos accès de goutte. Pour ce
genre de souffrances, point de salut sans la source
des Célestins !

Lequel écouter, et quel parti prendre ?

Le meilleur, selon moi, est de ne pas avoir la
goutte.

Les bords du ruisseau qui mène à Cusset et plus loin à l'Ardoisière, sont la seule ressource des promeneurs à pied.

Le soir, on se retrouve dans les salons de l'établissement, dont Strauss a récemment obtenu le monopole, et où l'on danse, — si l'on veut, — les jeudis et les dimanches. C'est un perfectionnement ! jusqu'alors il était d'usage de rester ensemble dans l'hôtel où on se trouvait logé, ce qui pouvait paraître un supplément à l'ennui que l'on subit généralement à Vichy.

Ces hôtels sont encombrés, mal tenus, et pour son argent on ne saurait s'y procurer le moindre comfortable : ajoutez-y une extrême chaleur, et vous rendrez justice au mérite des eaux, qui y attirent chaque année tant de monde — quand même !

LETTRE VIII.

La société était fort préoccupée, pendant le séjour que j'ai fait à Vichy, au sujet d'un docteur Laurent qui donnait des séances de magnétisme à l'aide de Mlle Prudence, bonne somnambule qu'il exploitait à son profit.

10

Le plus grand nombre *les donnait au diable;* d'autres trouvaient plus simple de les traiter de charlatans et de ne vouloir rien croire, *même en voyant.* — Ceux-ci pouvaient avoir plus de chances de dire vrai. — Toutefois, ils exagéraient.

Nier le magnétisme et ses effets, serait se refuser à l'évidence; de même que le proclamer omnipotent, devrait faire craindre de tomber dans un excès de crédulité.

Si, comme en Prusse et dans quelques parties de l'Allemagne, le magnétisme était exclusivement réservé aux médecins, je crois qu'il pourrait être fort utile à l'humanité. En France, on en a fait un objet de spéculation ou d'amusement, on est parvenu à le discréditer à l'aide du ridicule; — à Vichy, on le donnait en spectacle, — chacun avait le droit de siffler pour son argent et la plupart ne s'en faisaient pas faute.

Bref, le docteur et sa Prudence étaient complètement démonétisés, quand le hasard ou leur étoile me firent assister à une de leurs séances.

Parmi les dames que j'accompagnais, plusieurs avaient poussé le scrupule jusqu'à demander à leur directeur, si elles ne courraient pas risque d'offenser Dieu en se rendant témoins des maléfices du diable, et le bon esprit de celui-ci avait pu seul les rassurer.

Seulement il leur était prescrit, suivant l'exemple de saint Thomas, de ne croire qu'après avoir pris parfaite connaissance de cause.

Cette partie de l'auditoire se montrait donc d'avance entièrement hostile et elle n'était malheureusement pas la moins nombreuse ni la moins séduisante : l'influence de l'exemple devait entraîner le surplus!

« L'estrade préparée pour mieux montrer la
» somnambule, servait à cacher des tuyaux acous-
» tiques à l'aide desquels un compère était chargé
» de la diriger et de lui dicter ses réponses. Tout
» était d'ailleurs convenu d'avance, et le public
» payant ne devait s'attendre qu'à la plus com-
» plète mystification. »

J'avais beau mettre en œuvre le précepte indiqué par le prudent directeur; attendez pour juger, répétais-je à ces dames, et ne vous montrez ni partiales ni prévenues, en vous livrant d'avance à des préoccupations que vous aurez à regretter plus tard, personne ne voulait me croire, et malgré ma répugnance à me mettre en scène, et sans autre motif que celui de la charité chrétienne et d'une conviction basée sur l'expérience, je jugeai qu'il fallait faire usage d'un moyen héroïque pour sauver à la fois Prudence et son complice.

Que penseriez-vous, Mesdames, leur ai-je dit, si, n'ayant jamais parlé à la somnambule et si, sans cesser de rester près de vous, je lui faisais exécuter d'après votre volonté tout ce qu'il vous plairait de lui prescrire !

Me prendriez-vous aussi pour un compère, et persisteriez-vous dans vos soupçons ? — Impossible ! Mais, s'il en était ainsi, nous serions toutes convaincues !

Il n'y avait pas moyen de reculer, le plus difficile pouvait être d'y faire consentir le docteur Laurent.

Il parut fort interdit de ma proposition.

Je lui dis qu'il était entouré d'incrédules ; que son public n'était composé que de personnes prévenues qui se refuseraient à l'évidence, en pensant que tout était convenu entre lui et son *sujet*, et que mon offre n'avait d'autre but que son intérêt, en assurant son succès pour toute la saison des eaux.

Le docteur avait assez d'esprit pour comprendre le danger d'un refus, et, après s'être convaincu que je

n'étais pas tout-à-fait novice en fait de magnétisme,
il s'exécuta de bonne grâce, et Mlle Prudence fut
mise par lui à ma disposition

Ce préambule avait eu lieu à haute voix et le
public était rassuré sur le résultat de la soirée.

A défaut de magnétisme, il s'apprêtait à rire à
mes dépens.

C'était toujours un spectacle, et, plusieurs —
tant le monde est méchant — auraien tpeut-être
préféré ce genre de plaisir.

Le succès fut surprenant ; mis en rapport avec
la somnambule, qui était très véritablement lucide,
et me tenant ensuite fort éloigné, je lui ai fait
exécuter à l'instant même, tout ce que ces dames
se plaisaient à inventer : chanter, danser, jouer aux
cartes, voir et décrire diverses localités à de grandes distances, lire des lettres, répondre à des pensées ; le tout m'était prescrit à voix basse, et je
n'avais que l'embarras du choix , tant ces dames
se montraient fécondes, alors qu'il ne leur fut plus
permis de demeurer incrédules !

Chacune voulait avoir son tour, et la plupart n'auraient pas affirmé, j'en suis sûr, que Satan n'était
pas un de mes frères, ou tout au moins mon cousin-
germain !

La séance fut prolongée malgré mon vif désir
d'abdiquer pour redevenir simple public. Le docteur Laurent ne fut pas étranger à ce mécompte.
Le lendemain, il n'était plus question d'autre chose
à Vichy. La foule se portait aux séances magné-
tiques, chaque hôtel réclamait Prudence qui se
faisait payer fort cher ; et alors on me priait avec
instance de remplacer le magnétiseur.

Je me serais vu forcé, sans mon prochain départ, de faire dire comme le sauvage amené à Paris il y a quelques années, et que chacun voulait
montrer chez soi :

« Le roi des Iroquois a déclaré à son cornac,
» qu'il était résolu à ne plus danser pour le public. »

Pour faire trêve à la monotonie de ces soirées,
j'ai dû consentir à lire le récit de deux visites que
j'étais parvenu, par une bien rare exception, à faire
à la criminelle du Glandier.

Les raisons qui s'étaient opposées à leur publication dans le moment où elles pouvaient exciter
un si vif intérêt, n'existant plus, je les joints sans
scrupule à ma narration.

SOUVENIRS DE 1841.

MARIE CAPELLE, VEUVE LAFARGE.

J'étais appelé à Montpellier par un renvoi de la Cour de cassation, et le seul dédommagement à l'ennui que j'éprouvais, était la chance de voir dans sa cellule l'héroïne du Glandier !

Plus la chose devait paraître difficile, et plus j'attachais naturellement de prix à l'obtenir !

Ma conviction sur sa culpabilité était entière. La lecture de ses Mémoires l'aurait augmentée encore, s'il en eût été besoin..... Je devais, dès lors, être plus curieux d'apprécier le charme de cette séduction, si généralement proclamée par tous ceux qui s'étaient trouvés en contact avec elle depuis sa condamnation.

L'on me disait que les gendarmes qui lui avaient servi d'escorte fondaient en larmes en se séparant d'elle.

Que les sœurs l'entouraient des soins les plus assidus en la nommant *la sainte* et en la citant comme un modèle de douceur et de piété.

Que la supérieure elle-même, malgré sa haute capacité et son fréquent contact avec les grands

coupables, cédait parfois à la pensée que l'erreur
de ses juges était possible, et qu'elle pouvait être
une de leurs victimes !

Enfin , l'autorité locale avait prescrit en sa faveur des infractions notoires aux règlements péni-
tentiaires.—Elle recevait une meilleure nourriture
apportée de dehors , et n'avait pas revêtu le costume de ses compagnes de réclusion !

Un ordre du ministre était, il est vrai, venu récemment mettre un terme à ce dernier abus, mais
il n'était pas encore exécuté, et, pour en adoucir
l'effet, on avait poussé la courtoisie jusqu'à charger son oncle, — M. Collard, habitant Montpellier,
de l'y préparer *avec ménagement.*

Malgré ce soin obséquieux, sa douleur fut si vive
à ce coup — pour elle seule inattendu, — que l'on
dut craindre pour sa vie !

Moi ! si indignement outragée, s'écriait-elle en
se tordant les mains !.... Moi ! la victime des tra-
mes les plus odieuses !.... Moi ! si pure devant
Dieu !... dont l'innocence sera un jour proclamée !
Etre soumise à cet excès d'opprobre ! — Jamais,—
plutôt mourir — et je veux me détruire !!!

Alors cet oncle, qui avait pressenti cet excès de
douleur et qui, croyant à ses paroles, puisait dans

cette conviction des forces pour remplir sa pénible mission, sortit un crucifix de sa poche, et s'inspirant de ce grand exemple de l'injustice des hommes, exigea d'elle plus de résignation et la promesse de renoncer à ce projet, en ayant foi dans l'avenir pour dévoiler la vérité !

Mᵐᵉ Lafarge, se précipitant à genoux, avait prononcé ce serment, et serrant ensuite dans ses bras M. Collard et la supérieure, — qui seuls se trouvaient auprès d'elle, — les avait placés sous l'empire d'une telle émotion, qu'ils avaient quitté sa chambre en fondant en larmes !

Je savais que M. de Tourdonnet, qui l'avait suivie en poste depuis Tulle, n'avait obtenu d'être admis qu'une seule fois auprès d'elle ; que le préfet qui l'avait introduit avait été vivement réprimandé par le ministre, et que la consigne était devenue encore plus sévère !

Que de motifs pour insister !

Je devais, avant tout, prévenir un refus de sa part. Il me semblait d'un bon augure de lui faire partager le vif désir que j'éprouvais !

J'obtins qu'on lui ferait dire qu'une personne tout-à-fait inconnue d'elle, mais intimement liée avec les amis dont elle conservait le plus cher souvenir, demandait à la voir.

Sa réponse dut se faire attendre ; — elle était enfermée avec l'abbé Combalot, dont elle avait réclamé l'assistance spirituelle.

Cette réponse fut aussi favorable que je pouvais la souhaiter ; ainsi point d'obstacle de ce côté, et je commençai à croire à mon succès.

Enfin, à force d'insistance de ma part, de bonne grâce et d'obligeance de la part de tous ceux qui pouvaient y concourir, il fut décidé que, le lendemain à dix heures, je serais introduit, et l'on juge que mon départ fut ajourné au jour suivant.

A l'heure dite, le préfet intérimaire, M. Daguenet, procureur général et député, un conseiller de préfecture qui avait arrangé cette grande affaire et moi, faisions notre entrée à la maison pénitentiaire !

Après que le directeur eut fait prévenir Mme Lafarge de notre visite, nous avons franchi les triples verroux de la première enceinte. Au haut d'un escalier tournant se trouve l'infirmerie générale, à côté, la pharmacie ; — c'est là que demeure Marie Capelle !

Un lit garni de rideaux blancs, une fenêtre ayant des rideaux pareils, une cheminée, un fauteuil, deux chaises et un tapis devant le lit, complètent le mobilier de cette chambre, qui ne saurait en contenir davantage.

C'est peu, sans doute, même auprès de cette chambre du Glandier, si spirituellement décrite par Mme Lafarge, et qui peut-être excite ses fréquents regrets; mais c'est un luxe inespéré en comparaison des autres cellules, et surtout du dortoir commun!

Dans ce lit était couchée Marie Capelle! Sa mise, quoique simple, était fort recherchée. Un bonnet de nuit surmonté d'une pointe noire nouée sous le menton; ses cheveux, lissés en bandeau; une camisole fort blanche, recouverte d'une mantille noire; des gants qui, tout en cachant ses mains (que l'on m'a dit charmantes), laissent entrevoir la blancheur de ses bras; un oreiller sur ses pieds; telle était sa tenue!

Des yeux petits; un nez un peu épaté; une bouche gracieuse; un ovale commun; un teint pâle; m'ont semblé, au premier aspect, ne rappeler en rien cet ensemble tant vanté, tant séducteur!

Cette impression ne devait pas durer!

Fidèle à ce qui avait été convenu d'avance, le préfet intérimaire lui a demandé si elle avait été satisfaite de l'autorisation qu'il avait pris sur lui d'accorder une première fois à M. Combalot? si elle avait le désir de le revoir encore?

Elle a répondu qu'il lui avait fait espérer qu'il reviendrait, et que l'onction de ses paroles était salutaire aux affligés! — Alors, il faudra que je demande une autorisation spéciale, mais je ne doute pas qu'elle soit accordée! — Pendant ce colloque, qui s'est encore prolongé, Marie Capelle montrait sa vive préoccupation de savoir si le visiteur dont on lui avait parlé la veille, se trouvait devant elle, et sa sagacité n'était pas en défaut. Son regard ne me quittait pas ; elle attendait avec une impatience marquée que mon tour de parler fût venu.

J'étais moins pressé, je l'avoue. J'étudiais ce visage, je le voyais s'animer et prendre du charme! J'entendais la plus douce voix, disant les choses les plus simples avec un choix d'expressions très remarquable! — Il me semblait assister à une métamorphose. — La personne commune que j'avais trouvée en entrant avait entièrement disparu. Je commençais à être sous le charme!

Enfin, il lui fut dit que j'étais celui qui avait demandé à la voir. — J'ai ajouté que, sachant com-

bien mes amis désiraient avoir de ses nouvelles,
j'en avais fait un des principaux motifs de mon séjour à Montpellier. — Je suis reconnaissante, Monsieur! Je n'ai pu entendre prononcer leurs noms
hier sans un profond attendrissement! Combien,
dans les malheureuses circonstances où je me suis
trouvée, j'ai eu foi en leur bonté, à leur affection!.....

Je lui ai parlé de sa santé! — Elle est faible,
mauvaise, tout ce que je prends me suffoque, je ne
puis rien garder! — En parlant ainsi, elle avait
l'air et le ton d'une victime résignée!

En lui exprimant ma sympathie pour sa cruelle
position, ses yeux ont regardé le ciel et se sont ensuite reportés sur moi pleins de larmes! — Ce regard était enivrant. — J'ai compris la fascina-
tion!

Je regrette, lui ai-je dit, que la règle de cette
maison s'oppose à ce que je vous demande de me
charger de vos douces paroles pour ceux que vous
aimez; mais elle ne saurait m'empêcher d'empor-
ter tous mes souvenirs, et je m'engage à les leur
transmettre. Elle s'est inclinée profondément sur
le lit, ses yeux se sont encore remplis de larmes,
elle se faisait violence pour s'abstenir de tout ce

qu'elle aurait voulu me dire ! — Il y avait, dans ce
mouvement plein de grâce et de noblesse, ainsi
que dans le regard prolongé dont il a été suivi, de
la reconnaissance...., il y avait presque de l'affection.

Au milieu de ce complet isolement —ses lettres
étant toutes supprimées, —ma visite était pour elle
un grand évènement. Elle allait croire qu'elle inspirait encore de l'intérêt. Elle pouvait en faire le
rêve de son avenir ! !

Ayant promis de ne lui parler d'aucune des circonstances de sa vie passée, ne pouvant la tromper
en lui donnant de futures espérances, ayant satisfait à mon désir de la voir et de l'entendre, je l'ai
quittée avec un long adieu.

Combien je regrettais de n'avoir pu la placer en
présence de son odieuse belle-mère ! de savoir par
quel motif elle n'avait pas fait peser sur sa tête le
crime dont elle était accusée ! paralysé, par ce
doute, la décision du jury ! recherché à son tour
le poison dans la tombe de la première femme,
ainsi que plusieurs indices semblaient le faire
croire !

Quels sujets à traiter avec elle ! que de choses à
redire ! que de souvenirs à conserver !

Ma conviction n'en était pas moins restée la même ! Marie Capelle était toujours pour moi l'empoisonneuse du Glandier. Son calme, son regard, sa résignation, sa confession même... tout était mensonge !

Ses rapports avec l'abbé Combalot, n'étaient qu'un moyen d'avoir pour soutien un homme de Dieu, à la parole éloquente, trompé par un sacrilége, et qui pourrait l'appuyer en haut lieu !

Sa maladie n'avait pour objet que de la soustraire à l'obligation de revêtir l'odieux costume qui lui était impérativement imposé !

Ses demi-larmes, sa douce voix, tout était calcul... tout était jeu... Elle se posait en ange, je ne pouvais y trouver qu'un serpent.

Malgré tout, il nous fut impossible de ne pas l'avoir en pitié, et si chacun de nous avait pu adoucir sa peine, nous n'aurions pas balancé un instant.

Déjà, les médecins de l'établissement l'avaient exemptée de tout travail, *comme contraire à sa santé*, et malgré les ordres si précis relatifs à ses habits, *j'ai lu* une nouvelle demande de leur part pour en suspendre l'effet.

« Sa vie, usée par de longues souffrances, ses

» nerfs rendus si irritables par les malheurs qu'elle
» a éprouvés depuis deux ans, ne lui ont pas laissé
» la force suffisante pour supporter cette terrible
» secousse !

» Sa séquestration, laissant cette femme igno-
» rée, et dès lors sans inconvénients pour la règle
» de la maison, ils croyent devoir déclarer, en leur
» âme et conscience, que forcer Mme Lafarge à re-
» vêtir le costume de l'infamie, serait signer l'ar-
» rêt de sa mort. Dès lors, ils prétendent décliner
» toute complicité à ce sujet, et tel est l'objet de
» leur rapport. »

Que penser de cette pitié de la part de ceux
qui, placés au milieu de ce repaire de crimes,
sembleraient destinés à n'en éprouver aucune,
si ce n'est que l'empire de cette femme est irrésis
tible !

Il faut effacer, pour elle, cette devise de l'enfer,
si bien placée sur la porte des maisons péniten-
tiaires !

Lasciate ogni speranza voi ch'intrate.

Marie Capelle la conserve tout entière ! — elle
a raison ! — Ses fers tomberont un jour ! Elle ten-
tera tout pour y parvenir, dût-elle feindre la folie.

Elle redeviendra libre , — peut-être à la condition de vivre dans des contrées lointaines !

Elle y sera homme de lettres, femme de génie , souveraine de quelque peuplade de sauvages, si elle ne trouve rien de mieux ! Que lui importe , pourvu qu'il soit parlé d'elle ! c'est là sa première ambition.

Elle empoisonnerait un nouveau Lafarge, si ce devait être à ce prix !

Quant à moi, j'ose dire que Pouch-Lafarge, misérable faussaire , repoussant épileptique , me semble moins à plaindre pour avoir été empoisonné, que pour n'avoir pas su se faire aimer par une femme qui , réunissant à un si haut degré le don de plaire et de séduire, ne l'avait jugé digne que de ses mépris et de sa vengeance.

SUITE A MADAME LAFARGE.

MONTPELLIER, 1843.

La curiosité n'était plus aussi vivement excitée au sujet de Mme Lafarge, elle avait échoué dans son rôle de folle ; dès lors, cette comédie sans résultat avait dû tourner contre elle.

Seul je pouvais m'applaudir d'avoir prédit qu'elle tenterait ce moyen.

Il lui avait été suggéré d'une manière assez piquante.

Me Lachaud, ce défenseur zélé dont elle avait su se faire un si vif partisan ; qu'elle avait fasciné à tel point qu'il l'aurait épousée s'il avait pu la rendre libre, avait obtenu, en qualité d'ancien avocat, la permission de la voir. Il voulait s'entendre avec elle sur la publication de la suite des Mémoires rédigés par lui,—mais sous son nom, à son profit, et auxquels elle ne devait pas paraître étrangère, pour exploiter avec plus de succès l'intérêt du public.

Dans sa sollicitude, il s'informait auprès du directeur s'il ne pouvait pas présumer que cette captivité serait adoucie, et si, recevant toujours des ordres aussi sévères à son égard, il les exécuterait à la longue avec autant de rigueur?

Celui-ci, dont la conviction n'avait fait que s'accroître par un plus long contact avec sa prisonnière, qu'il avait étudiée dans toutes les circonstances de sa vie privée depuis le moment de sa réclusion, et qui, chaque jour, sentait augmenter la répulsion et le mépris qu'elle lui avait inspiré tout d'abord, répondit à M⁰ Lachaud, que rien ne pouvait, selon lui, être changé à sa position, que déjà l'on avait fait preuve de trop d'indulgence à son égard, et qu'à moins de circonstances tout-à-fait imprévues, les portes de sa maison devaient former une barrière éternelle entre Marie Capelle et le reste du monde.

Deux seules causes pouvaient, disait-il, donner lieu à un changement de résidence pour les condamnées à perpétuité, et l'une et l'autre n'étaient pas applicables.

Ou l'air du pays avait une telle influence sur la santé d'une récluse que ses jours paraissaient en danger, alors les médecins sollicitaient sa translation dans une autre maison, sous un ciel plus pur, dans un climat plus tempéré, et cet acte de miséricorde pouvait être accordé.

Ou bien, des accès de violente folie exigeaient un traitement spécial qui ne pouvait être suivi dans un simple pénitencier, et celles qui en étaient atteintes se voyaient dirigées sur une maison de fous.

La maison de Montpellier réunissait au plus haut degré toutes les conditions de salubrité et d'hygiène. — Marie Capelle n'avait donné aucun signe d'aliénation mentale, donc il n'y avait pas lieu de supposer qu'elle pût changer de demeure.

Le parti de Mᵉ Lachaud fut promptement pris. Marie Capelle devait devenir folle. Il n'y avait rien à attendre du directeur de Montpellier, il venait de donner une nouvelle preuve de sévérité en faisant rétablir dans sa cellule les funestes vêtements que l'on avait éloignés pendant une courte absence; Mᵐᵉ Lafarge n'était, à ses yeux, qu'une grande comédienne; il fallait, à tout prix, tenter d'exciter des sympathies plus favorables, il fallait la soustraire à un gardien aussi rigoureux. — Elle devait donc être folle, — elle le fut! Ce pouvait être un moyen de devenir libre, et le bruit s'en était même adroitement répandu pour sonder le public d'avance à ce sujet.

Alors Marie Capelle se livra à tous les actes de démence que son esprit fécond pouvait lui suggérer. — Tantôt elle brisait avec fureur tout ce qui se trouvait auprès d'elle, et se montrait ensuite résignée; tantôt elle jouait la passion ou se croyait destinée à créer un nouveau monde, qui serait l'idéal de toutes les perfections; voulait se confesser au directeur, ou faire à tout prix un mari du saint homme dont elle avait réclamé l'assistance. Les

sœurs, les serviteurs, les gardes, devenaient tour
à tour ses jouets ou ses victimes, et l'autorité
locale demanda à la Faculté un sérieux examen.

Cela devenait alors une lutte entre la science
et la malice ! C'était pour Marie Capelle une question de vie ou de mort, elle devait y développer
toutes ses facultés — et quand, à la longue, il lui
fallut succomber, elle eut la consolation de n'a-
voir rien épargné pour tromper ou pour séduire !

La cellule que j'avais décrite avait fait place à
une chambre plus vaste et dont la vue était plus
étendue. « Vous me rapprochez du ciel, avait elle
» dit au directeur — en en prenant possession ;—
» pour quelqu'un auquel il reste aussi peu de temps
» à vivre, c'est abréger la distance. »

Elle y passe sa vie avec M. Collard, sa femme et
une jeune et charmante fille de seize ans, dont elle
fait l'éducation.

Si elle la forme à son image, elle lui aura transmis un funeste héritage.

La confiance de ses parents est telle, que lorsqu'ils ne peuvent pas venir d'assez bonne heure
ou s'en aller assez tard, ils les laissent seules
ensemble, trouvant qu'elle ne saurait y demeurer
trop.

M. Collard jouerait sa part du paradis contre
l'innocence de Mme Lafarge ! Depuis que la tentative de folie a échoué, elle a voulu renoncer au
régime forcé qu'elle s'était imposé; mais ses longues privations ont rendu la chose difficile. Elle
porte la peine du mal qu'elle s'est fait. Ses souffrances sont devenues réelles et chaque repas est
le prélude d'un supplice.

Elle s'est montrée peu flattée de la visite que
MM. Bianqui et Michel Chevallier ont obtenu l'autorisation de lui faire; elle a répondu à peine à
leurs questions; elle leur a trop fait connaître son
vif désir d'y mettre un terme, et ils se sont retirés
peu satisfaits — avec raison.

Un riche Anglais s'était présenté, il y avait peu
de jours, pour visiter l'établissement; le directeur
avait eu la bonne grâce de le conduire dans toutes
les salles? — et Mme Lafarge? demanda-t-il en finis-
sant? — Impossible, Mylord, personne ne saurait
la voir sans ordre. — Mais, Monsieur, elle seule
m'attirait ici! permettez-moi de regarder par le
trou de sa serrure. — Je ne saurais, Mylord, ce
serait peu convenable et d'ailleurs mes pouvoirs
ne s'étendent pas jusque-là. — Mais, Monsieur,
laissez-moi voir au moins sa porte... Écoutez, il y

a des personnes bien à plaindre dans cette maison, eh bien! veuillez recevoir ces 25 guinées pour elles, à la seule condition de me permettre de frapper à cette porte et de dire à Mme Lafarge : « C'est mylord un tel qui a voulu vous souhaiter le bonjour; » — et mylord avait déjà tiré sa bourse pour réaliser sa proposition.

L'inflexible directeur persista dans ses refus, et Marie Capelle fut privée d'une preuve de sympathie dont elle eût fait une chance de gloire. — On se préoccupait d'elle en Angleterre!

Moins exigeant, mais aussi plus satisfait, ce même directeur, qui avait conservé un souvenir flatteur de ma précédente visite et qui m'avait transmis ces détails, me remettait sur ma demande une lettre de Mme Lafarge que je joins à cette note.

« Madame Lafarge demande à M. le directeur,
» de vouloir l'autoriser à recevoir la visite de
» M. Coural, qui vient dans la maison confesser un
» grand nombre d'autres prisonniers.

» Madame Lafarge prie aussi M. le directeur de
» vouloir bien transmettre sa réponse à Madame
» la supérieure. — Si une *seconde volonté* était né-
» cessaire pour obtenir cette permission, elle y

» renonce, et elle supplie M. le directeur de ne pas
» en parler, »

Les collecteurs d'autographes paieraient bien
cher une lettre de la Brinvilliers ; — il n'y a qu'une
différence de temps et d'époque !

Ceci termine mon récit !

Si je n'ai pu réussir à vous renseigner en vous
amusant, vous y trouverez au moins une nouvelle
preuve de ma constante sollicitude et de mes plus
affectueux sentiments.

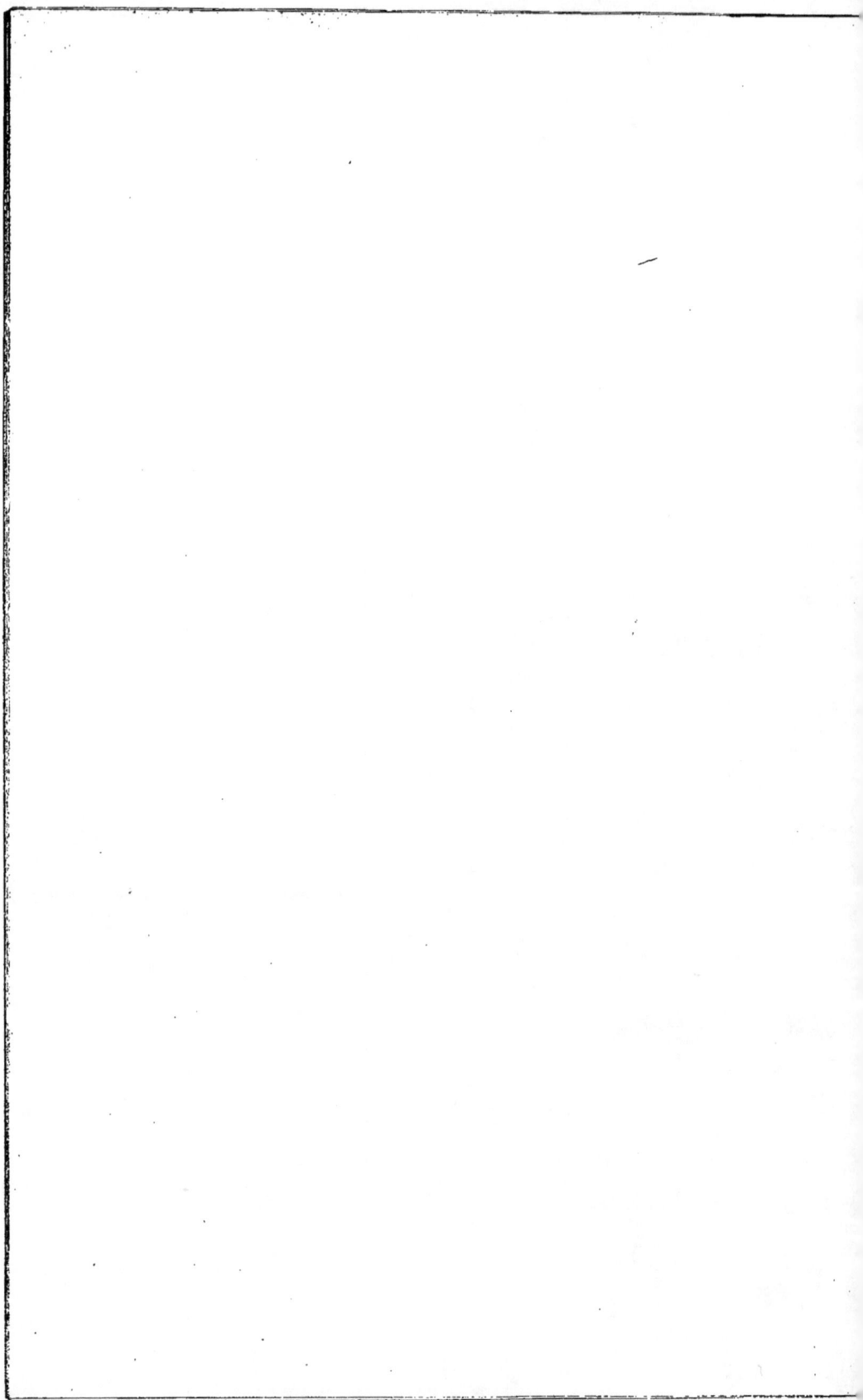

www.ingramcontent.com/pod-product-compliance
Lightning Source LLC
Chambersburg PA
CBHW072038080426
42733CB00010B/1931